ISBN 978-1-330-45512-8
PIBN 10064680

1 MONTH OF FREE READING

at

www.ForgottenBooks.com

By purchasing this book you are eligible for one month membership to ForgottenBooks.com, giving you unlimited access to our entire collection of over 1,000,000 titles via our web site and mobile apps.

To claim your free month visit:

www.forgottenbooks.com/free64680

English
Français
Deutsche
Italiano
Español
Português

www.forgottenbooks.com

Mythology Photography **Fiction**
Fishing Christianity **Art** Cooking
Essays Buddhism Freemasonry
Medicine **Biology** Music **Ancient
Egypt** Evolution Carpentry Physics
Dance Geology **Mathematics** Fitness
Shakespeare **Folklore** Yoga Marketing
Confidence Immortality Biographies
Poetry **Psychology** Witchcraft
Electronics Chemistry History **Law**
Accounting **Philosophy** Anthropology
Alchemy Drama Quantum Mechanics
Atheism Sexual Health **Ancient History**
Entrepreneurship Languages Sport
Paleontology Needlework Islam
Metaphysics Investment Archaeology
Parenting Statistics Criminology
Motivational

SELECTIONS

FROM THE

LATIN FATHERS

WITH

INTRODUCTION, NOTES, AND VOCABULARY

BY

EDWARD R. MALONEY

𝔅𝔬𝔰𝔱𝔬𝔫

ALLYN AND BACON

1900

COPYRIGHT, 1900, BY

EDWARD R. MALONEY.

PREFACE

THE selections given here have been chosen carefully as characteristic specimens of the styles of the different periods they represent, in order to afford a basis for comparison, not only between the different periods of the early church, but between the Christian writers and those of classic times. The Introduction attempts to trace the origin and growth of Christian Latin, and the brief biographies in the Notes aim to give the student some idea of the life and influence of the writer he is studying.

The book has been prepared in response to an urgent demand for a volume of representative selections from the Latin Fathers. It is to be hoped that those with whom the demand arose will find these selections not only representative, but efficient in promoting, by contrast with the teachings of classic mythology, the very highest ideals of conduct and of life.

E. R. M.

CAMBRIDGE, MASS.,
    September, 1900.

CONTENTS

· INTRODUCTION ·

THE language in which these selections from the Latin Fathers is written is that of the post-classical period of Latin literature, and varies to a marked degree from that used by the classical writers. This post-classical, or Christian, Latin had its origin in the adoption by the Church of Latin as its official language, and grew out of the classic or pagan Latin, not by destroying and supplanting, but by reviving and purifying it.

Thus the early Fathers did not — as they might so easily have done — destroy the entire body of a literature, which was to them a mass of impurity and error. This would have been to kill a language in which they saw broad possibilities for usefulness and good. In speaking of the Christian use of the Latin language, Ozanam says : —

"With the adoption of the language by the Church came the beginning of the changes which were finally to alter it so much. From a high degree of artificiality, the Fathers turned back to the utmost directness and simplicity. Their effects they gained not through studied eloquence, but through the earnestness, strength, and simplicity of their language. With the change in style came inevitable changes in the language itself. New ideas and new methods of thought caused changes in the meanings of established words, and the coining of words entirely new."

These changes were perhaps most marked at the beginning of the period, for the men who first wrote and preached in Latin were nearly all trained in pagan schools of rhetoric. They, in changing their language to correspond with the complete change in their ways of thought, swung at once far to the other extreme. The Christian Apologists — Minucius Felix, Tertullian, Cyprian, and Lactantius — were all trained in pagan schools, and soon learned to bombard heathen enemies with their own artillery. Their contemporaries and successors sprang up rapidly, from Spain, Gaul, Africa, and Italy ; Hilary, Ambrose, Jerome, and Augustine were soon actively engaged in defending the new religion. The Middle Ages brought St. Bernard, Albertus Magnus, St. Thomas Aquinas, and other dialecticians, theologians, and controversialists, who firmly established Latin as "the learned tongue."

Were there no other reason, then, these writers, who changed the character of a great language and made an epoch in its literature, should have a place in modern school and college curriculums. These changes in language and literature, too, are the reflections of the more important changes that were taking place as these men wrote, changes in human thought, belief, and history. In reading these selections the student cannot but gather some knowledge of the spirit that inspired the men who wrote them, and be moved to emulation of worthier heroes than those of Ovid or Virgil.

TERTULLIANUS

DE ORIGINE SPECTACULORUM

I. De originibus quidem ut secretioribus et ignotis
penes plures nostrorum altius nec aliunde investigan-
dum fuit, quam de instrumentis ethnicarum literarum.
Exstant auctores multi, qui super ista re commenta-
rios ediderunt. Ab his ludorum origo sic traditur. 5
Lydos ex Asia transvenas in Etruria consedisse, ut
Timaeus refert, duce Tyrrheno, qui fratri suo cesserat
regni contentione. Igitur in Etruria inter ceteros
ritus superstitionum suarum spectacula quoque religionis nomine instituunt. Inde Romani accersitos 10
artifices mutuantur, tempus, enuntiationem, ut ludi
a Lydis vocarentur. Sed etsi Varro ludos a ludo, id
est a lusu interpretatur, sicut et Lupercos ludos appel-
labant, quod ludendo discurrant: tamen eum lusum
iuvenum et diebus festis et templis et religionibus 15
reputat. Nihil iam de causa vocabuli, cum rei causa
idololatria sit. Nam et cum promiscue ludi Liberalia
vocarentur, honorem Liberi patris manifeste sonabant.
Libero enim a rusticis primo fiebant ob beneficium
quod ei adscribunt pro demonstrata gratia vini. Ex- 20
inde ludi Consualia dicti, qui initio Neptunum honora-

bant. Eundem enim et Consum vocabant. Dehinc
Equiria Marti Romulus dixit; quamquam et Consualia
Romulo defendunt, quod ea Conso dicaverit deo, ut
volunt, consilii, eius scilicet, quo tunc Sabinarum vir-
5 ginum rapinam militibus suis in matrimonia excogi-
tavit. Probum plane consilium et nunc quoque apud
ipsos Romanos iustum et licitum, ne dixerim, penes
deum. Facit etenim ad originis maculam, ne bonum
existimes, quod initium a malo accepit, ab impudenti,
10 a violenti, ab alio deo, a fratricida, institutore, a filio
Martis: et nunc ara Conso illi in circo defossa est ad
primas metas sub terra, cum inscriptione huiusmodi:
CONSUS CONSILIO MARS DUELLO LARES COMITIO PO-
TENTES. Sacrificant apud eam nonis Iuliis sacerdotes
15 publici, XII. Kalend. Septembres flamen Quirinalis
et virgines. Dehinc idem Romulus Iovi Feretrio ludos
instituit in Tarpeio, quos Tarpeios dictos et Capito-
linos Piso tradidit; post hunc Numa Pompilius Marti
et Robigini [fecit] (nam et Robiginis deam finxerunt);
20 dehinc Tullus Hostilius, dehinc Ancus Martius et
ceteri, qui quotque per ordinem et quibus idolis ludos
instituerint, positum est apud Suetonium Tranquil-
lum, vel a quibus Tranquillus accepit. Sed haec
satis erunt ad originis de idololatria reatum.

25 II. Accedit ad testimonium antiquitatis subsecuta
posteritas, formam originis de titulis huius quoque
temporis praeferens, per quos signatum est, cui idolo
et cui superstitioni utriusque generis ludi notarentur.
Megalenses et Apollinares, item Cereales et Neptunales

et Latiares et Florales in commune celebrantur; reliqui ludorum de natalibus et sollemnitatibus regum et publicis prosperitatibus et municipalibus fastis superstitiosis caussas originis habent. Inter quos etiam privatorum memoriis legatariae editiones parentant; 5 id quoque secundum institutionis antiquitatem. Nam et a primordio bifariam ludi censebantur, sacri et funebres, id est diis nationum et mortuis. Sed de idololatria nihil differt apud nos, sub quo nomine et titulo, dum ad eosdem spiritus perveniat, quibus renuntia- 10 mus, licet mortuis, licet diis suis faciant. Proinde mortuis suis ut diis faciant: una conditio partis utriusque est, una idololatria, una renuntiatio nostra adversus idololatriam.

III. Communis igitur origo ludorum utriusque ge- 15 neris, communes et tituli, ut de communibus caussis, proinde apparatus communes habeant necesse est de reatu generali idololatriae conditricis suae. Sed circensium paulo pompatior suggestus, quibus proprie hoc nomen pompa: praecedit, quorum sit in semetipsa 20 probans de simulacrorum serie, de imaginum agmine, de curribus, de thensis, de armamaxis, de sedibus, de coronis, de exuviis. Quanta praeterea sacra, quanta sacrificia praecedant, intercedant, succedant, quot collegia, quot sacerdotia, quot officia moveantur, sciunt 25 homines, illius urbis, in qua daemoniorum conventus consedit. Ea si minore cura per provincias pro minoribus viribus administrantur, tamen omnes ubique circenses illuc deputandi, unde et petuntur, inde in-

quinantur, unde sumuntur.   Nam et rivulus tenuis ex
suo fonte et surculus modicus ex sua fronde qualitatem
originis continet.   Viderit ambitio sive frugalitas eius,
quod deum offendit qualiscunque pompa circi: etsi
5 pauca simulacra circumferat, in uno idololatria est;
etsi unam thensam trahat, Iovis tamen plaustrum est;
quaevis idololatria sordide instructa vel modice locu-
ples, splendida est censu criminis sui.

ST. CYPRIANUS

DE IDOLORUM VANITATE

*Quod Idola Dii non sint et quod Deus Unus sit et quod
per Christum Salus credentibus data sit.*

I. Deos non esse, quos colit vulgus, hinc notum est.
Reges olim fuerunt, qui ob regalem memoriam coli
apud suos postmodum etiam in morte coeperunt.
Inde illis instituta templa, inde ad defunctorum vultus
per imaginem detinendos expressa simulacra, et immo- 5
labant hostias et dies festos dando honore celebrabant.
Inde posteris facta sunt sacra, quae primis fuerant
assumta solatia. Et videamus, an stet haec apud
singulos veritas.

II. Melicertes et Leucothea praecipitantur in maria 10
et fiunt postmodum maris numina; Castores alternis
moriuntur, ut vivant; Aesculapius, ut in deum surgat,
fulminatur; Hercules, ut hominem exuat, Oeteis igni-
bus concrematur. Apollo Admeto pecus pavit; La-
omedonti muros Neptunus instituit nec mercedem 15
operis, infelix structor, accepit. Antrum Iovis in
Creta visitur, et sepulcrum eius ostenditur, et ab eo
Saturnum fugatum esse manifestum est; inde Latium
de latebra eius nomen accepit. Hic literas imprimere,

hic signare nummos in Italia primus instituit; inde
aerarium Saturni vocatur. Et rusticitatis hic cultor
fuit; inde falcem ferens pingitur. Hunc fugatum
hospitio Ianus exceperat, de cuius nomine Ianiculum
5 dictum est, et mensis Ianuarius institutus est. Ipse
bifrons exprimitur, quod in medio constitutus annum
incipientem paritur et recedentem spectare videatur.
Mauri vero manifeste reges colunt nec ullo velamento
hoc nomen obtexunt.

10   III. Inde per gentes et provincias singulas varia
deorum religio mutatur, dum non unus ab omnibus
Deus colitur, sed propria cuique maiorum suorum
cultura servatur. Hoc ita esse Alexander magnus
insigni volumine ad matrem suam scribit, metu suae
15 potestatis proditum sibi de diis hominibus a sacerdote
secretum, quod maiorum et regum memoria servata
sit, inde colendi et sacrificandi ritus involverit. Si
autem aliquando dii nati sunt, cur non hodieque
nascuntur?

20   IV. Cur vero deos putas pro Romanis posse, quos
videas nihil pro suis adversus eorum arma valuisse?
Romanorum enim vernaculos deos novimus. Est
Romulus peierante Proculo deus factus et Picus et
Tiberinus et Pilumnus et Consus, quem deum fraudis
25 velut consiliorum deum coli Romulus voluit, postquam
in raptum Sabinarum perfidia provenit. Deam quoque Cloacinam Tatius et invenit et coluit, Pavorem
Hostilius atque Pallorem. Mox a nescio que Febris
dedicata et Acca et Flora meretrices. Hi dii Romani.

Caeterum Mars Thracius et Iupiter Creticus et Iuno vel Argiva vel Samia vel Poena et Diana Taurica et deorum mater Idaea et Aegyptia portenta, non numina; quae utique, si quid potestatis habuissent, sua ac suorum regna servassent. Plane sunt apud Romanos 5 et victi penates, quos Aeneas profugus advexit; est et Venus calva, multo hic turpius calva, quam apud Homerum vulnerata.

V. Regna autem non merito accidunt, sed sorte variantur. Caeterum imperium ante tenuerunt et 10 Assyrii et Medi et Persae, et Graecos et Aegyptios regnasse cognovimus. Ita vicibus potestatum variantibus Romanis quoque ut et caeteris imperandi tempus obvenit. Caeterum si ad originem redeas, erubescas. Populus de sceleratis et nocentibus con- 15 gregatur, et asylo constituto facit numerum impunitas criminum; nunc ut rex ipse principatum habeat ad crimina, fit Romulus parricida atque, ut matrimonium faciat, rem concordiae per discordias auspicatur; rapiunt, ferociunt, fallunt ad copiam civitatis augendam, 20 nuptiae sunt illis rupta hospitii foedera et cum soceris bella crudelia. Est et gradus summus in Romanis honoribus consulatus. Sic consulatum coepisse videmus, ut regnum; filios interficit Brutus, ut crescat de suffragio sceleris commendatio dignitatis. Non ergo 25 de religionibus sanctis nec de auspiciis aut auguriis Romana regna creverunt, sed acceptum tempus certo fine custodiunt. Caeterum et Regulus auspicia servavit et captus est, et Mancinus religionem tenuit et sub

iugum missus est; pullos edaces Paulus habuit et apud
Cannas tamen caesus est. C. Caesar, ne ante brumam
in Africam navigia transmitteret, auguriis et auspiciis
renitentibus sprevit, eo facilius et navigavit et vicit.

5   Horum autem omnium ratio est illa, quae fallit et
decipit et praestigiis coecantibus veritatem stultum et
credulum vulgus inducit.

LACTANTIUS

DE MORTIBUS PERSECUTORUM

I. Audivit dominus orationes tuas, Donate carissime, quas in conspectu eius constitutus fundere soles, imo et preces sanctissimorum martyrum, qui gloriosa confessione sempiternam sibi coronam pro fidei suae meritis quaesierunt. Ecce, deletis omnibus adversa- 5 riis et restituta per orbem tranquillitate, profligata nuper Ecclesia rursum exsurgit, et maiore gloria templum Dei, quod ab impiis fuerat eversum, misericordia domini fabricatur. Excitavit enim deus principes, qui tyrannorum nefaria et cruenta imperia resciderunt 10 et humano generi providerunt, ut iam quasi discusso transacti temporis nubilo, mentes omnium pax incunda et serena laetificet. Nunc post tantae tempestatis violentos turbines, placidus aer et optata lux refulsit; nunc placatus servorum suorum precibus deus iacentes 15 et afflictos coelesti auxilio sublevavit; nunc moerentium lacrymas, exstincta impiorum conspiratione, de tersit. Qui illuctati erant deo, iacent; qui templum sanctum everterant, ruina maiore ceciderunt; qui iustos excarnificaverant, coelestibus plagis et cruci- 20 atibus meritis nocentes animas profuderunt. Sero id quidem, sed graviter ac digne. Distulerat enim

9

poenas eorum deus, ut ederet in eos magna et mirabilia
exempla, quibus posteri discerent, et deum esse unum,
et eundem vindicem digna videlicet supplicia impiis
ac persecutoribus irrogare. De quo exitu eorum tes-
5 tificari placuit, ut omnes, qui procul moti fuerunt, vel
qui post nos futuri sunt, scirent, quatenus virtutem ac
maiestatem suam in exstinguendis delendisque nominis
sui hostibus deus summus ostenderit. Nunc tamen
satis est si a principio, ex quo est ecclesia constituta,
10 qui fuerint persecutores eius et quibus poenis in eos
coelestis iudicis severitas vindicaverit, exponam.

II. Extremis temporibus Tiberii Caesaris, ut scriptum legimus, dominus noster Iesus Christus a Iudaeis
cruciatus est, post diem decimum kalendarum Apri-
15 lium duobus Geminis consulibus. Cum resurrexisset
die tertio, congregavit discipulos, quos metus compre-
hensionis eius in fugam verterat, et diebus quadra-
ginta cum his commoratus, aperuit corda eorum, et
scripturas interpretatus est, quae usque ad id tempus
20 obscurae atque involutae fuerant ordinavitque eos
et instruxit ad praedicationem dogmatis ac doctrinae
suae, disponens testamenti novi solemnem disciplinam.
Dein officio repleto, circumvolvit eum procella nubis,
et subtractum oculis hominum rapuit in coelum. Et
25 inde discipuli, qui tunc erant undecim, assumtis in
locum Iudae proditoris Matthia et Paulo, dispersi
sunt per omnem terram ad evangelium praedicandum,
sicut illis magister dominus imperaverat, et per annos
XXV. usque ad principium Neroniani imperii, per

omnes provincias et civitates ecclesiae fundamenta
miserunt. Cumque iam Nero imperaret, Petrus Romam
advenit, et editis quibusdam miraculis, quae virtute
ipsius Dei, data sibi ab eo potestate, faciebat, con-
vertit multos ad iustitiam, Deoque templum fidele ac 5
stabile collocavit. Qua re ad Neronem delata, cum
animadverteret, non modo Romae, sed ubique quotidie
magnam multitudinem deficere a cultu idolorum, et
ad religionem novam damnata vetustate transire, ut
erat exsecrabilis ac nocens tyrannus, prosilivit ad ex- 10
cidendum coeleste templum delendamque iustitiam,
et primus omnium persecutus Dei servos, Petrum
cruci affixit et Paulum interfecit. Nec tamen habuit
impune. Respexit enim deus vexationem populi sui.
Deiectus itaque fastigio imperii ac devolutus a summo 15
tyrannus impotens, nusquam repente comparuit, ut ne
sepulturae quidem locus in terra tam malae bestiae
appareret. Unde illum quidam deliri credunt esse
translatum ac vivum reservatum, Sibylla dicente ma-
tricidam profugum a finibus terrae esse venturum, ut 20
quia primus persecutus est, idem etiam novissimus
persequatur et antichristi praecedat adventum, quod
nefas est credere. Sicut duos prophetas vivos esse
translatos et ultimo eos tempore ante iudicium
Christi sanctum ac sempiternum, cum descendere coe- 25
perit (redituros Sibyllae), pronuntiant; eodem modo
etiam Neronem venturum putant, ut praecursor dia-
boli ac praevius sit venientis ad vastationem terrae et
humani generis eversionem.

III. Post hunc interiectis aliquot annis, alter non
minor tyrannus ortus est, qui cum exerceret invisam
dominationem, subiectorum tamen cervicibus incuba-
vit quam diutissime, tutusque regnavit, donec impias
5 manus adversus dominum tenderet.   Postquam vero
ad persequendum iustum populum instinctu daemo-
num incitatus est, tunc traditus in manus inimicorum
luit poenas.   Nec satis ad ultionem fuit, quod est
interfectus domi; etiam memoria nominis eius erasa
10 est.   Nam cum multa miribilia opera fabricasset, cum
Capitolium aliaque nobilia monumenta fecisset, sena-
tus ita nomen eius persecutus est, ut neque imaginum,
neque titulorum eius relinqueret ulla vestigia, gravis-
simis decretis etiam mortuo notam inureret ad igno-
15 miniam sempiternam. .Rescissis igitur actis tyranni,
non tantum in statum pristinum ecclesia restituta est,
sed etiam multo clarius ac floridius enituit: secutisque
temporibus, quibus multi ac boni principes Romani
imperii clavum regimenque tenuerunt, nullos inimico-
20 rum impetus passa, manus suas in orientem occi-
dentemque porrexit; ut iam nullus esset terrarum
angulus tam remotus, quo non religio Dei penetrasset,
nulla denique natio tam feris moribus vivens, ut non
suscepto dei cultu ad iustitiae opera mitesceret.   Sed
25 enim postea longa pax rupta est.

IV. Exstitit enim post annos plurimos exsecrabile
animal Decius, qui vexaret ecclesiam; quis enim iustitiam, nisi malus, persequatur?   Et quasi huius rei
gratia provectus esset ad illud principale fastigium,

furere protinus contra deum coepit, ut protinus cade-
ret. Nam profectus adversum Carpos, qui tum Daciam
Moesiamque occupaverant, statimque circumventus a
barbaris et cum magna exercitus parte deletus, ne
sepultura quidem potuit honorari; sed exutus ac 5
nudus, ut bostem dei oportebat, pabulum feris ac
volucribus iacuit.

V. Non multo post Valerianus quoque non dissimili
furore correptus, impias manus in deum intentavit, et
multum, quamvis brevi tempore, iusti sanguinis fudit. 10
At illum deus novo ac singulari poenae genere affecit,
ut esset posteris documentum, adversarios dei semper
dignam scelere suo recipere mercedem. Hic captus a
Persis non modo imperium, quo fuerat insolenter usus,
sed etiam libertatem, quam ceteris ademerat, perdidit 15
vixitque in servitute turpissime. Nam rex Persarum
Sapor, qui eum ceperat, si quando libuerat aut vehiculum asscendere, aut equum, inclinare sibi Romanum
iubebat ac terga praebere, et imposito pede super dorsum eius, illud esse verum dicebat, exprobrans ei cum 20
risu, non quod in tabulis, aut parietibus Romani pin-
gerent. Ita ille dignissime triumphatus, aliquamdiu
vixit, ut diu barbaris Romanum nomen ludibrio ac
derisui esset. Etiam hoc ei accesit ad poenam, quod
cum filium haberet imperatorem, captivitatis suae 25
tamen ac servitutis extremae non invenit ultorem, nec
omnino repetitus est. Postea vero quam pudendam
vitam in illo dedecore finivit, derepta est ei cutis et
exuta visceribus pellis infecta rubro colore, ut in

templo barbarorum deorum ad memoriam clarissimi
triumphi poneretur, legatisque nostris semper esset
ostentui, ne nimium Romani viribus suis fiderent,
cum exuvias capti principis apud deos suos cernerent.
5 Cum igitur tales poenas de sacrilegis deus exegerit,
nonne mirabile est, ausum esse quemquam postea non
modo facere, sed etiam cogitare adversus maiestatem
singularis dei, regentis et continuentis universa?

VI. Aurelianus, qui esset natura vesanus et prae-
10 ceps, quamvis captivitatem Valeriani meminisset,
tamen oblitus sceleris eius et poenae, iram dei cru-
delibus factis lacessivit. Verum ille ne perficere
quidem, quae cogitaverat, licuit, sed protinus inter
initia sui furoris exstinctus est. Nondum ad provin-
15 cias ulteriores cruenta eius scripta pervenerant, et iam
Coenofrurio, qui locus est Thraciae, cruentus ipse humi
iacebat, falsa quadam suspicione ab amicis suis inte-
remtus. Talibus et tot exemplis coerceri posteriores
tyrannos oportebat: at hi non modo territi non sunt,
20 sed audacius etiam contra deum confidentiusque
fecerunt.

ST. HIERONYMUS

AD MAGNUM ORATOREM URBIS ROMAE

I. Sebesium nostrum tuis monitis profecisse, non tam Epistola tua, quam ipsius poenitudine didicimus. Et mirum in modum plus correptus placuit, quam errans laeserat. Certaverunt inter se indulgentia parentis, et filii pietas: dum alter praeteritorum non 5 meminit, alter in futurum quoque officia pollicetur. Unde et mutuo nobis tibique gaudendum est: quia nos filium recepimus, tu discipulum comprobasti.

II. Quod autem quaeris in calce Epistolae tuae, cur in opusculis nostris saecularium litterarum interdum 10 ponamus exempla, et candorem Ecclesiae, Ethnicorum sordibus polluamus; breviter responsum habeto. Numquam hoc quaereres, nisi te totum Tullius possideret; si Scripturas sanctas legeres, si Interpretes carum, omisso Volcatio, evolveres. Quis enim nesciat et in 15 Moyse, et in Prophetarum voluminibus quaedam assumpta de Gentilium libris, et Salomonem Philosophis Tyri et nonnulla proposuisse, et aliqua respondisse? Unde in exordio Proverbiorum commonet, ut intelligamus sermones prudentiae, versutiasque ver- 20 borum, parabolas, et obscurum sermonem, dicta sapientum, et aenigmata (Prov. 1), quae proprie dialecticorum

et philosophorum sunt. Sed et Paulus Apostolus
Epimenidis Poetae abusus versiculo est, scribens ad
Titum : "Cretenses semper mendaces, malae bestiae,
ventres pigri" (Tit. i. 22). Cujus heroici hemi-
5 stichium postea Callimachus usurpavit. Nec mirum
si apud Latinos metrum non servet ad verbum expressa translatio, cum Homerus eadem lingua versus
in prosam, vix cohaereat. In alia quoque Epistola,
Menandri ponit senarium : "Corrumpunt mores bonos
10 confabulationes pessimae." Et apud Athenienses in
Martis curia disputans, Aratum testem vocat. "Ipsius
enim et genus sumus," quod Graece dicitur. Τοῦ γὰρ
καὶ γένος ἐσμέν; et est clausula versus heroici. Ac ne
parum hoc esset, ductor Christiani exercitus, et orator
15 invictus pro Christo causam agens, etiam inscriptionem fortuitam, arte torquet in argumentum fidei.
Didicerat enim a vero David, extorquere de manibus
hostium gladium, et Goliae superbissimi caput proprio
mucrone truncare. Legerat in Deuteronomio (Cap.
20 21) Domini voce praeceptum, mulieris captivae raden-
dum caput, supercilia, omnes pilos, et ungues corperis
amputandos, et sic eam habendam in conjugio. Quid
ergo mirum, si et ego sapientiam saecularem propter
eloquii venustatem, et membrorum pulchritudinem, de
25 ancilla atque captiva Israelitidem facere cupio ?

III. Cyprianus vir eloquentia pollens et martyrio,
Firmiano narrante, mordetur, cur adversus Demetri-
anum scribens, testimoniis usus sit Prophetarum, et
Apostolorum, quae ille ficta et commentitia esse dice-

bat, et non potius Philosophorum et Poetarum, quorum auctoritati, ut Ethnicus, contraire non poterat.
Scripserunt contra nos Celsus atque Porphyrius:
priori Origenes, alteri Methodius, Eusebius, et Apollinaris fortissime responderunt. Quorum Origenes octo 5
scripsit libros: Methodius usque ad decem millia pro-
cedit versuum: Eusebius, et Apollinaris viginti quin-
que, et triginta volumina condiderunt. Lege eos, et
invenies nos comparatione eorum imperitissimos: et
post tanti temporis otium, vix quasi per somnium 10
quod pueri didicimus, recordari. Julianus Augustus
septem libros in expeditione Parthica, adversum
Christum evomuit; et juxta fabulas Poetarum, suo se
ense laceravit. Si contra hunc scribere tentavero,
puto, interdices mihi, ne rabidum canem, Philosopho- 15
rum et Stoicorum doctrinis, id est, Herculis clava per
cutiam quanquam Nazarenum nostrum et (ut ipse,
solebat dicere) Galilaeum, statim in praelio senserit;
et mercedem linguae putidissimae, conto ilia perfossus
acceperit. Josephus antiquitatem approbans Judaici 20
populi, duos libros scripsit contra Appionem Alexan-
drinum Grammaticum: et tanta saecularium profert
testimonia, ut mihi miraculum subeat, quomodo vir
Hebraeus, et ab infantia sacris Litteris eruditus, cunctam Graecorum Bibliothecam evolverit. Quid loquar 25
de Philone, quem vel alterum vel Judaeum Platonem
critici pronuntiant?

IV. Curram per singulos: Quadratus Apostolorum
discipulus, et Atheniensis Pontifex Ecclesiae, nonne

B

Adriano Principi, Eleusinae sacra invisenti, librum pro nostra religione tradidit? Et tantae admirationi omnibus fuit, ut persecutionem gravissimam, illius excellens sedaret ingenium. Aristides Philosophus,

5 vir eloquentissimus, eidem Principi Apologeticum pro Christianis obtulit, contextum Philosophorum sententiis: quem imitatus postea Justinus, et ipse Philosophus, Antonino Pio et filiis eius, Senatuique librum contra Gentiles tradidit, defendens ignominiam crucis,

10 et resurrectionem Christi tota praedicans libertate. Quid loquar de Melitone Sardensi Episcopo? quid de Apollinario Hierapolitanae Ecclesiae Sacerdote, Dionysioque Corinthiorum Episcopo, et Tatiano, et Bardesane, et Irenaeo Photini Martyris successore: qui

15 origines haereseon singularum, et ex quibus Philosophorum fontibus emanarint, multis voluminibus explicarunt? Pantaenus Stoicae sectae Philosophus, ob praecipuae eruditionis gloriam, a Demetrio Alexandriae Episcopo missus est in Indiam, ut Christum

20 apud Brachmanas, et illius gentis Philosophus praedicaret. Clemens Alexandrinae Ecclesiae Presbyter, meo judicio, omnium eruditissimus, octo scripsit Stromatum libros; et totidem ὑποτυπώσεων, et alium contra Gentes, Paedagogi quoque tria volumina. Quid in

25 illis indoctum? imo quid non de media Philosophia est? Hunc imitatus Origenes, decem scripsit Stromateas, Christianorum et Philosophorum inter se sententias comparans: et omnia nostrae religionis dogmata de Platone et Aristotele, Numenio, Cornutoque con-

firmans. Scripsit et Miltiades contra Gentes volumen
egregium. Hippolytus quoque, et Apollonius, Romanae urbis Senator, propria opuscula condiderunt.
Exstant et Julii Africani libri, qui temporum scripsit
historias; et Theodori, qui postea Gregorius appelatus 5
est (S. Gregorius Thaumaturgus), viri Apostolicorum
signorum atque virtutum; et Dionysii Alexandrini
Episcopi: Anatolii quoque Laodicenae Ecclesiae Sa-
cerdotis; nec non Presbyterorum Pamphili, Pierii,
Luciani, Malchionis, Eusebii, Caesariensis Episcopi, et 10
Eustathii Antiocheni, et Athanasii Alexandrini: Eusebii quoque Emiseni, et Triphilii Cyprii, et Asterii
Scythopolitae, et Serapionis Confessoris: Titi quoque
Bostrensis Episcopi: Cappadocumque Basilii, Grego-
rii, Amphilochii: qui omnes in tantum Philosophorum 15
doctrinis atque sententiis suos resarciunt libros, ut
nescias quid in illis primum admirari debeas, erudi-
tionem saeculi, an scientiam Scripturarum.

V. Veniam ad Latinos. Quid Tertulliano eruditius,
quid acutius? Apologeticus ejus, et contra Gentes 20
libri, cunctam saeculi obtinent disciplinam. Minutius
Felix causidicus Romani fori, in libro, cui titulus
Octavius est; et in altero contra Mathematicos (si
tamen inscriptio non mentitur auctorem) quid Gentilium scripturarum dimisit intactum? Septem libros 25
adversus Gentes Arnobius edidit, totidemque discipulus ejus Lactantius, qui de Ira quoque, et Opificio Dei
duo volumina condidit: quos si legere volueris, dialo-
gorum Ciceronis in eis ἐπιτομὴν reperies. Victorino

Martyri in libris suis, licet desit eruditio, tamen non deest eruditionis voluntas. Cyprianus, Quod idola dii non sint, qua brevitate, qua historiarum omnium scientia, quorum verborum et sensuum splendore per-
5 strinxit? Hilarius meorum Confessor temporum et Episcopus, duodecim Quintiliani libros et stylo imitatus est, et numero: brevique libello, quem scripsit contra Dioscorum Medicum, quid in literis possit, ostendit. Juvencus Presbyter, sub Constantino his-
10 toriam Domini Salvatoris versibus explicavit: nec pertimuit Evangelii majestatem sub metri leges mittere. De caeteris vel mortuis, vel viventibus taceo: quorum in scriptis suis et vires manifestae sunt et voluntas.

15 VI. Nec statim prava opinione fallaris, contra Gentes hoc esse licitum, in aliis disputationibus dissimulandum, quia omnes pene omnium libri, exceptis his qui cum Epicuro litteras non didicerunt, eruditionis doctrinaeque plenissimi sunt. Quanquam ego illud
20 magis reor, quod dictanti venit in mentem, non te ignorare quod semper a doctis viris usurpatum est; sed per te mihi proponi ab alio quaestionem, qui forte propter amorem historiarum Sallustii, Calpurnius cognomento Lanarius sit. Cui quaeso ut suadeas, ne
25 vescentium dentibus edentulus invideat, et oculos caprearum, talpa contemnat. Dives, ut cernis, ad disputandum materia; sed jam epistolaris angustia finienda est.

ST. AMBROSIUS

EPISCOPUS BEATISSIMO PRINCIPI, ET
CLEMENTISSIMO IMPERATORI
VALENTINIANO AUGUSTO

I. Cum vir clarissimus praefectus urbis Symmachus
ad clementiam tuam retulisset, ut ara quae de urbis
Romae curia sublata fuerat, redderetur loco; et tu,
imperator, licet adhuc in minoris aevi tirocinio floren-
tibus novus annis, fidei tamen virtute veteranus obse- 5
crata gentilium non probares; eodem, quo comperi,
puncto libellum obtuli: quo licet comprehenderim,
quae suggestioni necessaria viderentur; poposci tamen
exemplum mihi relationis dari.

II. Itaque non fidei tuae ambiguus, sed providus 10
cautionis, et pii certus examinis, hoc sermone relationis assertioni respondeo, hoc unum petens, ut non
verborum elegantiam, sed vim rerum exspectandam
putes. Aurea enim, sicut Scriptura divina docet
(Eccl. vi. 11), est lingua sapientium literatorum, quae 15
phaleratis dotata sermonibus, et quodam splendentis
eloquii velut coloris pretiosi corusco resultans, capit
animorum oculos specie formosi, visuque perstringit.
Sed aurum hoc, si diligentius manu tractes, foris
pretium, intus metallum est. Volve, quaeso, atque 20

21

excute sectam gentilium: pretiosa et grandia sonant,
vero effeta defendunt: Deum loquuntur, simulacrum
adorant.

III. Tria igitur in relatione sua vir clarissimus
5 praefectus urbis proposuit, quae valida putavit: quod
Roma veteres, ut ait, suos cultus requirat, et quod
sacerdotibus suis virginibusque Vestalibus emolumenta
tribuenda sint, et quod emolumentis sacerdotum negatis, fames secuta publica sit.

10　IV. In prima propositione, flebili Roma quaestu
sermonis illacrymat, veteres, ut ait, cultos ceremoni-
arum requirens. Haec sacra, inquit, Annibalem a
moenibus, a Capitolio Senonas repulerunt. Itaque
dum sacrorum potentia praedicatur, infirmitas prodi-
15 tur. Ergo Annibal diu sacris insultavit Romanis, et
diis contra se dimicantibus, usque ad muros urbis vin-
cendo pervenit. Cur se obsideri passi sunt, pro quibus
decorum suorum arma pugnabant?

V. Nam de Senonibus quid loquar, quos Capitolii
20 secreta penetrantes Romanae reliquiae non tulissent,
nisi eos pavido anser strepitu prodidisset? En quales
templa Romana praesules habent. Ubi tunc erat
Jupiter? An in ansere loquebatur?

VI. Verum quid negem sacrorum ritus militasse
25 Romanis? Sed etiam Annibal eosdem Deos colebat.
Utrum volunt igitur, eligant. Si in Romanis vicerunt
sacra, in Carthaginensibus ergo superata sunt: si in
Carthaginensibus triumphata, nec Romanis utique
profuerunt.

VII. Facessat igitur invidiosa illa populi Romani querela: non hanc Roma mandavit. Aliis illa eos interpellat vocibus: Quid me casso quotidie gregis innoxii sanguine cruentatis? Non in fibris pecudum, sed in viribus bellatorum tropaea victoriae sunt. Aliis 5 ego disciplinis orbem subegi. Militabat Camillus, qui sublata Capitolio signa, caesis Tarpeiae rupis triumphatoribus, reportavit: stravit virtus, quos religio non removit. Quid de Atilio loquar, qui militiam etiam mortis impendit? Africanus non inter Capi- 10 tolii aras, sed inter Annibalis acies triumphum invenit. Quid mihi veterum exempla profertis? Odi ritus Nerorum. Quid dicam bimestres imperatores, et terminos regum cum exordiis copulatos? Aut forte illud est novum, barbaros suis excessisse finibus? 15 Numquid etiam illi christiani fuerunt, quorum miserabili novoque exemplo alter captivus imperator, sub altero captivus orbis, fefellisse quae victoriam promittebant, suas ceremonias prodiderunt? Numquid et tunc non erat ara victoriae? Poenitet lapsus: vetusta 20 canities pudendi sanguinis traxit ruborem. Non erubesco cum toto orbe longaeva converti. Verum certe est quia nulla aetas ad perdiscendum sera est. Erubescat senectus, quae emendare se non potest. Non annorum canities est laudata, sed morum (Sap. iv., 25 ix.). Nullus pudor est ad meliora transire. Hoc solum habebam commune cum barbaris, quia Deum antea nesciebam. Sacrificium vestrum ritus est bestiarum cruore respergi. Quid in mortuis pecudibus

quaeritis Dei voces? Venite, et discite in terris coe-
lestem militiam: hic vivimus, et illic militamus.
Coeli mysterium doceat me Deus ipse, qui condidit:
non homo, qui se ipsum ignoravit. Cui magis de Deo,
5 quam Deo credam? Quomodo possum vobis credere,
qui fatemini vos ignorare quod colitis?

VIII. Uno, inquit, itinere non potest perveniri ad
tam grande secretum. Quod vos ignoratis, id nos Dei
voce cognovimus. Et quod vos suspicionibus quae-
10 ritis, nos ex ipsa sapientia Dei et veritate compertum
habemus. Non congruunt igitur vestra nobiscum.
Vos pacem diis vestris ab imperatoribus obsecratis,
nos ipsis imperatoribus a Christo pacem rogamus.
Vos manuum vestrarum adoratis opera, nos injuriam
15 ducimus omne quod fieri potest, Deum putari. Non
vult se Deus in lapidibus coli. Denique etiam ipsi
philosophi vestri ista riserunt.

IX. Quod si vos ideo Christum Deum negatis; quia
illum mortuum esse non creditis (nescitis enim quod
20 mors illa carnis fuerit, non divinitatis, quae facit ut
credentium jam nemo moriatur) quid vobis impruden-
tius, qui contumeliose colitis, et honorifice derogatis;
vestrum enim Deum lignum putatis. O contumeliosa
reverentia! Christum mori potuisse non creditis. O
25 honorifica pervicacia!

X. Sed vetera, inquit, reddenda sunt altaria simu-
lacris, ornamenta delubris. Reposcantur haec a con-
sorte superstitionis: christianus imperator aram solius
Christi didicit honorare. Quid manus pias et ora fide-

lia ministerium suis cogunt sacrilegis exhibere? Vox imperatoris nostri Christum resultet, et illum solum, quem sentit, loquatur; *quia cor regis in manu Dei* (Prov. xxi. 1). Numquid imperator gentilis aram Christo levavit? Dum ea quae fuerunt, reposcunt, 5 exemplo suo admonent quantum christiani imperatores religioni, quam sequuntur, debeant deferre reverentiae; quando gentiles superstitionibus suis omnia detulerunt.

XI. Dudum coepimus, et jam sequuntur exclusos. 10 Nos sanguine gloriamur, illos dispendium movet. Nos haec victoriae loco ducimus, illi injuriam putant. Numquam nobis amplius contulerunt, quam cum verberari christianos atque proscribi ac necari juberent. Praemium fecit religio, quod perfidia putabat esse 15 supplicium. Videte magnanimos. Per injurias, per inopiam, per supplicium nos crevimus: illi ceremonias suas sine quaestu manere posse non credunt.

ST. AUGUSTINUS

DE MODO JUVENTUTIS ERUDIENDAE

I. Quid autem erat causae cur graecas litteras
oderam, quibus puerulus imbuebar, ne nunc quidem
mihi satis exploratum est. Adamaveram enim latinas,
non quas primi magistri, sed quas docent qui gramma-
tici vocantur. Nam illas primas ubi legere et scribere
et numerare discitur, non minus onerosas poenalesque
habebam, quam omnes graecas. Unde tamen et hoc
nisi de peccato et vanitate vitae, quia caro eram, et
spiritus ambulans et non revertens? (Ps. lxxvii. 39.)
10 Nam utique meliores, quia certiores erant primae
illae litterae, quibus fiebat in me, et factum est, et
habeo illud ut et legam si quid scriptum invenio,
et scribam ipse si quid volo, quam illae quibus tenere
cogebar Aeneae nescio cūjus errores, oblitus errorum
15 meorum; et plorare Didonem mortuam, quia se occidit
ob amorem, cum interea meipsum in his a te mori-
entem, Deus vita mea, siccis oculis ferrem miserrimus.

II. Quid enim miserius misero non miserante seip-
sum, et flente Didonis mortem, quae fiebat amando
20 Aeneam; non flente autem mortem suam, quae fiebat
non amando te, Deus lumen cordis mei, et panis oris
intus animae meae, et virtus maritans mentem meam

et sinum cogitationis meae? Non te amabam, et for-
nicabar abs te, et fornicanti sonabat undique, Euge,
euge. Amicitia enim mundi hujus, fornicatio est abs
te; et Euge, euge dicitur, ut pudeat si non ita homo
sit. Et haec non flebam, sed flebam Didonem *ex-* 5
stinctam, ferroque extrema secutam (Aeneid, VI 456),
sequens ipse extrema condita tua, relicto te, et terra
iens in terram: et si prohiberer ea legere, dolerem,
quia non legerem quod dolerem. Talis dementia
honestiores et uberiores litterae putantur, quam illae 10
quibus legere et scribere didici.

III. Sed nunc in anima mea clamet, Deus meus, et
veritas tua dicat mihi: Non est ita, non est ita;
melior est prorsus doctrina illa prior. Nam ecce
paratior sum oblivisci errores Aeneae, atque omnia 15
ejusmodi, quam scribere et legere. At enim vela
pendent liminibus grammaticarum scholarum: sed
non illa magis honorem secreti, quam tegumentum
erroris significant. Non clament adversus me, quos
jam non timeo, dum confiteor tibi quae vult anima 20
mea, Deus meus, et acquiesco in reprehensione mala-
rum viarum mearum, ut diligam bonas vias tuas.
Non clament adversum me venditores grammaticae
vel emptores: quia si proponam eis, interrogans utrum
verum sit quod Aeneam aliquando Carthaginem ve- 25
nisse Poeta dicit; indoctiores se nescire respondebunt,
doctiores autem etiam negabunt verum esse. At si
quaeram quibus litteris scribatur Aeneae nomen,
omnes mihi, qui haec didicerunt, verum responde-

bunt; secundum id pactum et placitum, quo inter se homines ista signa firmarunt. Item, si quaeram quid horum majore vitae hujus incommodo quisque obliviscatur, legere et scribere, an poetica illa figmenta; quis non videat quid responsurus sit, qui non est penitus oblitus sui? Peccabam ergo puer cum illa inania istis utilioribus amore praeponebam, vel potius ista oderam, illa amabam. Jamvero unum et unum duo, duo et duo quatuor, odiosa cantio mihi erat; et dulcissimum spectaculum vanitatis equus ligneus plenus armatis, et Trojae incendium, etque ipsius umbra Creusae (Aeneid, II.).

IV. Cur ergo graecam etiam grammaticam oderam talia cantantem? Nam et Homerus peritus texere tales fabellas, et dulcissime vanus est, et mihi tamen amarus erat puero. Credo etiam graecis pueris Virgilius ita sit, sum eum sic discere coguntur, ut ego illum. Videlicet difficultas, omnino ediscendae peregrinae linguae, quasi felle aspergebat omnes suavitates graecas fabulosarum narrationum. Nulla enim verba illa noveram, et saevis terroribus ac poenis ut nossem instabatur mihi vehementer. Nam et latina aliquando infans utique nulla noveram; et tamen advertando didici sine ullo metu atque cruciatu, inter etiam blandimenta nutricum, et joca arridentium, et laetitias alludentium. Didici vero illa sine poenali onere urgentium, cum me urgeret cor meum ad parienda concepta sua, quae non possem, nisi aliqua verba didicissem, non a docentibus, sed a loquentibus, in quorum

et ego auribus parturiebam quidquid sentiebam. Hinc
satis elucet majorem habere vim ad discenda ista libe-
ram curiositatem, quam meticulosam necessitatem.
Sed illius fluxum haec restringit legibus tuis, Deus,
legibus tuis a magistrorum ferulis usque ad tenta- 5
tiones martyrum, valentibus legibus tuis miscere salu-
bres amaritudines, revocantes nos ad te a jucunditate
pestifera, qua recessimus a te.

V. Sed vae tibi, flumen moris humani! Quis re-
sistet tibi? quamdiu non siccaberis? quousque volves 10
Evae filios in mare magnum et formidolosum, quod
vix transeunt qui lignum conscenderint? Nonne ego
in te legi et tonantem Jovem et adulterantem? Et
utique non posset haec duo; sed actum est, ut haberet
auctoritatem ad imitandum verum adulterium, lenoci- 15
nante falso tonitruo. Quis autem penulatorum magistrorum audit aure sobria, ex eodem pulvere hominem
clamantem et dicentem: *Fingebat haec Homerus, et
humana ad Deos transferebat; divina mallem ad nos?*
(Cicero, Tuscul. i.) Sed verius dicitur quod fingebat 20
haec quidem ille; sed hominibus flagitiosis divina
tribuendo, ne flagitia flagitia putarentur, et ut quisquis
ea fecisset, non homines perditos, sed coelestes deos
videretur imitatus.

VI. Et tamen, o flumen tartareum, jactantur in te 25
filii hominum, cum mercedibus ut haec discant; et
magna res agitur, cum hoc agitur publice in foro, in conspectu legum supra mercedem salaria decernentium;
et saxa tua percutis et sonas dicens: Hinc verba dis-

cuntur, hinc acquiritur eloquentia rebus persuadentis
sententiisque explicandis maxime necessaria.

Non accuso verba, quasi vasa electa atque pretiosa;
sed vinum erroris quod in eis nobis propinabatur ab
5 ebriis doctoribus : et nisi biberemus, caedebamur, nec
apellare aliquem judicem sobrium licebat. Et tamen
ego, Deus meus, in cujus conspectu jam secura est
recordatio mea, libenter haec didici, et eis delectabar
miser, et ob hoc bonae spei puer appellabar.

NOTES

TERTULLIAN (150–about 230 A.D.)

Quintus Septimius Florens Tertullianus was born at
Carthage, — a city then and afterward of the greatest importance as a centre of Latin Christianity. His father was
a centurion in the Roman army. Tertullian studied law,
and afterward taught rhetoric in Carthage, until about the
year 192, when he became a Christian. From that time
to the end of his life he devoted himself unwaveringly to
the promulgation of the doctrines of his religion.

His life was one of tireless effort and the most rigid
asceticism. He crushed remorselessly all his desires and
affections, however high and noble, except those purely
spiritual. Even his love for his wife, to whom two of his
finest treatises are addressed, he sternly repressed, leaving
her that he might lead a life of greater devotion. Until
the year 201, he preached and wrote incessantly in defence
of Christianity. Then he joined the Montanists, — a sect
that claimed to have reached to the highest spiritual gifts
through the severest austerity of life. With them he re-
mained but a short time; and when he left them, he took
with him a small number of followers, whom he instructed,
and upon whom he enforced his most extreme principles of
bodily mortification. Beyond the statement of St. Jerome
that he lived to "a decrepit age," we have little or nothing to
fix the time of his death.

On account of his early zeal, Tertullian is considered, in

31

spite of his heresy, the first Father of the Latin Church. His attitude was always militant and aggressive, and his war was unceasing on everything that made against religion, whether it was human desires and passions in the hearts of his followers, or the opposition of unbelievers. He taunted the pagans, in stinging, scornful words, for their customs, philosophy, and religion. Against anything savoring of compromise, Tertullian thundered as loudly as against paganism itself. Origen, the first of the Christian Greek writers, sought to reach the pagans through points of contact between their belief and his; to Tertullian the two beliefs were utterly antagonistic, and he refused to come to close quarters with his enemy at any point, but stood afar off and hurled his bolts, each one with all the force he could command. As Pressensé points out, the contrast extends also to the styles of the two writers. "The eloquence of the one" (Origen), he says, "is as large and limpid as his genius; it is as a beautiful river, abundant and majestic; that of the other is a mountain torrent. Origen lightens, Tertullian thunders. Origen speaks to Christian philosophers like a Christian philosopher; Tertullian is a tribune of the people, who has gone down to the forum and the cross-roads to kindle the minds of the crowd."

The selection given is Chapters V–VII from the *De Spectaculis*. The treatise was called forth, probably, by the public shows given by the Emperor Severus in honor of his victory over Albinus. Tertullian's argument is that shows are idolatrous in origin and character.

Page 1. **1. De originibus,** etc.: sc. *spectaculorum; touching the origin of shows as being somewhat obscure and unknown amongst the greater part of our (Christian) brethren, we must carry our search higher,*

5. Ab his: sc. *scriptoribus* or *auctoribus*.

6. in Etruria consedisse : *settled in Etruria*.

8. contentione : B. 226 ; G. 397 ; Y. 124; S. 226 ; H. 480 ; A. and G. 253.

11. tempus: *the season* (of the games).   **ut ludi a Lydis vocarentur** : *so that they were called from the Lydians, 'ludi.'*

14. ludendo : *while playing.* The Ablative of the Gerund, besides cause, manner, etc., may denote time, separation, respect, etc.   **tamen . . . reputat**: *yet he accounts this sport of the young men as belonging to holy days, temples, and solemnities.*

16. vocabuli : *of the name.*

20. pro . . . vini: *for discovering to them the gift of wine.*

Page 2. 3. ut volunt: *as they* (the Pagans) *will have it.*

5. in matrimonia: *matrimonia,* in post-Augustan Latin, signifies *wives.*

7. penes Deum : *in the eyes of God.*

8. Facit . . . maculam: *for this also helps to stain the origin.*

11. ad primas metas : i.e. *at the head of the course.*

13. Duello: old form for *bello.*   **Potentes**: masculine plural, agrees with *Consus, Mars,* and *Lares,* and here means *lords, rulers.*

14. apud eam : sc. *aram.*

26. de titulis: *on the very face of the titles.*

28. utriusque generis: i.e. the theatre and the circus.

29. Megalenses, etc.: with these names, *ludi* must be supplied.

Page 3. 9. apud nos: i.e. Christians.

17. de reatu generali : *derived from the common guilt of idolatry.*

20. praecedit: i.e. before the games themselves.

21. de imaginum agmine: *by the long line of images* (of the gods).

22. de sedibus : sc. *deorum.*

c

23. de exuviis : *by the robes.* Tertullian uses this word
for the splendid apparel of the gods. **sacra** : *rights.*

24. praecedant, intercedant, succedant : *go before, come
between, and follow after.*

26. illius urbis : i.e. Rome.

27. minore cura : *with less (care) pomp.* **pro minoribus
viribus** : *in proportion to their inferior means.*

Page 4. 5. in uno : *even in one.*

7. quaevis idololatria . . . criminis sui : *every idolatrous show, however meanly or frugally furnished, is sumptuous
and gorgeous in the amount of its sinfulness.*

ST. CYPRIAN (200–258 A.D.)

Thascius Cecilius Cyprianus was born at Carthage. His
parents were wealthy and distinguished, and Cyprian received a thorough education in philosophy. For many
years, until the time of his conversion to Christianity, he
taught rhetoric. He was baptized in the year 246, and two
years later he was ordained a priest. In his preaching and
ministrations, his charity and humility so won the hearts
of his hearers that, in spite of his remonstrances, he was
elected Bishop of Carthage.

During the persecution of the Christians by the Emperor
Decius, in the year 249, the life of Cyprian, as the leader of
the Church in Africa, was particularly sought. He fled
from Carthage, returning the following year, when the rigor
of the persecution had abated. When the plague swept
over the city in 252, Cyprian was constantly active in his
ministrations to the sick and dying. He was aided in this
work by rich and poor, Christians and pagans, whom he
organized into a society for nursing the sick and burying
the dead.

Some five years later, under the persecution by Valerian, Cyprian was banished from Carthage. In less than a year, however, he was brought back, tried before the proconsul, sentenced to death, and beheaded.

In his method and lines of thought he followed closely in the footsteps of Tertullian, whom he called his master. His style, however, is very different from Tertullian's. Sarcasm, invective, or abuse he never used, but established his points firmly by means of logic and clear reasoning. His arguments gained power from the example he set in his own life, which was always of the utmost simplicity and purity.

The purpose of the tract *On the Vanity of Idols*, from which this selection is made, is to show that the gods were no more than deified men. His argument is essentially the same as that of Euhemeros, Tertullian, and Clement of Alexandria. This tract is, as Farrar says, "St. Cyprian's farewell to heathendom as a religious system." The work is a careful analysis of mythologic beliefs, by one who was a witness of their practice, and, to a certain extent, of their decay.

Page 5. 1. **vulgus** : *the common people.*

3. **suos** : sc. *populos.*

6. **hostias** : sc. *illis.*

7. **Inde posteris . . . solatia** : *and what at first were invented as consolations, became sacred rights in the generations after.*

8. **an stet . . . veritas** : *whether this truth is sustained in individual instances.*

18. **manifestum est** : *it is notorious.*   **inde Latium**, etc.: *and that Latium received its name from being latent there.*

19. **Hic** = Saturn.

Page 6. 1. **primus instituit** : B. 241. 2 ; G. 325. 7 ; Y. 137. 4 ; S. 237. 2 ; H. 497. 3 ; A. and G. 191.

2. rusticitatis . . . cultor: *maintainer of the country life.*

3. pingitur: Saturn is painted as an old man bearing a sickle. **fugatum** : *driven into exile.*

20. Cur vero . . . valuisse ? *Why again do you think that the gods can do all for the Romans, when you see them availing nothing for their own nations against the Roman arms ?*

22. vernaculos : Newman translates this word *home-born.* **Est** : belongs with *factus.*

23. et Picus, etc.: *and so were Picus and Tiburinus.*

Page 7. **3. Idaea** : *at Ida.*

6. est et Venus . . . vulnerata : *and they have a Venus the Bald, more dishonored by her baldness in Rome, than by her wound in Homer.*

19. rem concordiae, etc.: *an affair of a peaceful nature, he enters upon by deeds of quarrel.*

LACTANTIUS (ABOUT 250–330 A.D.)

Lactantius was born near the middle of the third century, probably, at Firmum, in Italy. Very little is known of his life. He embraced Christianity from conviction, and devoted his life and talents to its defence. Such was his reputation for learning that Constantine appointed him, in the year 313, preceptor to the prince, Crespus. Jerome refers to him as "the most learned man of his time." The clearness, force, and beauty of Lactantius' style, the classic quality of his Latin, and his skill in argument, have frequently led men to compare him with Cicero.

The selection given here is from the *Book on the Death of Persecutors.* It deals with the persecution under Diocletian, of which Lactantius was a witness.

Page 9. **De Mortibus**: The word *mors* is used in the plural when it means the death of more than one person. *Praeclarae mortes sunt imperatorum* (Cicero, Fin. I. 30).

5. meritis : used here in an active sense ; used further on with a passive meaning. **omnibus adversariis** : these are : Severus, who died 307 ; Maximinus Hercules, 307 ; Galerius, 311 ; Maxentius, 312 ; Maximinus Daïa, and Diocletian, 313.

7. templum Dei : *the church.*

9. principes : Constantine and Licinius, the signers of the Edict of Milan.

10. resciderunt . . . providerunt : an example of asyndeton, a favorite figure with Lactantius.

14. lux refulsit : St. Cyprian expresses the same idea at the beginning of the tract *De Lapsis.*

Page 12. **27. animal** : used as a term of reproach, *monster.* Cicero, in speaking of Clodius, says (Pis. 9), *Funestum illud animal.*

28. persequatur : B. 277 ; G. 265 ; Y. 189.

Page 13. **2. Carpos** : colony of Germania Transvistulam, established probably on Carpates Mons.

8. multo post : Valerian came to the throne in 253, and commenced the persecution in 257. Among the illustrious victims of this persecution are Pope Sixtus II., St. Laurence the Deacon, and St. Cyprian.

19. ac terga praebere : this was the practice of the oriental kings toward captives. There are several Scriptural passages which allude to the custom ; e.g. *Donec ponam inimicos tuos scabellum pedum tuorum.*

22. triumphatus : *triumphare* is only found in a transitive sense in post-Augustan Latin. **aliquamdiu** = ten years, from 259–269.

25. filium : Gallienus, the profligate who was slain by his own soldiers in 268.

28. derepta est ei cutis : Ovid (Met. VI. 387) has : *Clamanti cutis est summos derepta per artus.*

ST. JEROME (331–ABOUT 422 A.D.)

St. Jerome (St. Hieronymus) was born at Stridon, a little town on the borders of Dalmatia. The wealth of his father, Eusebius, placed the best educational resources of the time at his disposal. In Rome he studied the classics under Donatus, and it is commonly believed that he afterward studied law. It was while studying in Rome that Jerome fell a prey, as he tells us, to the temptations of which the city was so full at the time. Finally, however, he rose above them, and in 360 he was baptized. His baptism was followed by a period of travel, during which he visited Aquilea, Treves, Antioch, and Syria. On his return he was long occupied in the study of the Scriptures and the revision of the Latin Gospels, — a task intrusted to him by Pope Damasus. In 385, after a pilgrimage through the Holy Land, Jerome settled at Bethlehem, where a monastery was built for him. Here he translated the Old Testament from Greek into Latin. This translation occupied him up to 405, some fifteen years in all, and was his last important work. It was while he was engaged on this work that his friendship of twenty-five years' standing with Rufinus was broken by religious controversy. He died and was buried at Bethlehem, but his body was afterward removed to Rome.

Jerome was a deeply learned man, and some of his works on subjects outside his chosen field, notably geography and history, were of real importance in advancing the learning of his time. In life he practised the austerity which he so earnestly preached; his discourses were always most eloquent in rebuking luxury, effeminacy, vanity, and avarice. Farrar says that Jerome stands far higher than Lactantius, in genius, individuality, and force, though his style may not be so purely classical.

Page 15. 1-8. St. Jerome thanks Magnus, a Roman orator, for giving salutary advice to a young man named Sebesius, who had committed some fault.

3. Et mirum : *and strange to say.*

4. Certaverunt . . . **pietas**: *there has been indeed a conflict between indulgence in the father and affection in the son.*

5. praeteritorum non meminit: B. 206. ii.; G. 376 ; Y. 156 ; S. 216 ; H. 454 ; A. and G. 219.

6. officia : *dutiful behavior.*

9 ff. St. Jerome defends his use of pagan writings by the example of the Fathers.

11. Ethnicorum sordibus : *with the foulness of heathenism.*

15. omisso Volcatio: *having put aside (the reading of) Volcatius.*

18. nonnulla proposuisse, et aliqua respondisse : *that Solomon proposed questions to the philosophers of Tyre and answered others (put to him by them).*

22. aenigmata : *dark sayings.*

Page 16. **12.** Τοῦ γὰρ καὶ γένος ἐσμέν : see Acts xvii. 28.

15. inscriptionem fortuitam : *a chance inscription.*

16. arte torquet: *skilfully turns.*   **fidei** : Acts xvii. 22.

27. Firmiano narrante : *so Lactantius tells us.*

Page 17. **4. Methodius, Eusebius,** and **Apollinaris** : Apologists of the fourth century. Their works have perished.

17. quanquam : *it is true.*

28 ff. This paragraph enumerates many of the Christian writers who profited by pagan literature.

28. Curram per singulos : *Let me run through the list of our own writers.*

Page 18. **8. Antonino Pio et filiis eius** : Marcus Aurelius and Lucius Verus.

22. Stromatum : στρωμάτεις, *Miscellanies.*

23. ὑποτυπώσεων: *outline sketches.*

Page 19. **19. Veniam ad Latinos**: *I will pass on to the Latin writers.*

Page 20. **15 ff.** He hints that the objection comes from Rufinus.

19. Quanquam . . . Lanarius sit: *I am inclined, indeed, to fancy — the thought comes into my head as I dictate — that you yourself know quite well what has always been the practice of learned (Christians) in this matter; to believe that in putting this question to me you are only the mouthpiece of another, who by reason of his love for the histories of Sallust might well be called Calpurnius Lanarius.* Rufinus is the person meant. See Biography on page 38.

ST. AMBROSE (ABOUT 330–397 A.D.)

Ambrose was born at Treves, and received a Christian education, studying and afterward practising law. He became prefect of Liguria and Aemilia while living at Milan, and in 374 was elected Bishop of Milan. The qualities which had gained him this position, — his courage, diplomacy, and unwavering sense of duty, — made him, in filling it, " a tower of impregnable strength" to the Church. He was the adviser of Valentinian I. and II. and of Theodosius, and his fearless and inexhaustible energy in upholding the dignity of the Church against intrigue and despotism ceased only with his life. The chief merits of his style are its clearness and directness. It has little in the way of grace and harmony, but is always terse and practical. The selection given in the text is from a reply to a petition of Symmachus to the emperor, to restore an altar and golden statue of victory, and to reëstablish the ancient orders of priests and virgins who attended it. In this letter, Ambrose threatens Valentinian with excommunication, if the emperor should enter into any compromise with the heathen.

Page 21. 1. Cum: *causal.*

3. et tu . . . probares: *and you, O Emperor, although still young in years and experience, yet a veteran in the power of faith, did not approve of the prayer of the heathen.*

9. relationis: the Memorial of Symmachus, a petition addressed to the senate and emperors by Symmachus, prefect of Rome, who asked that the pagan religion be reinstated, and that the Altar of Victory be rebuilt in the senate-house, so that the ancient customs could be observed. "The Memorial" is drawn up with consummate skill, both in what is brought forward and in what is left unsaid.

13. verborum elegantiam . . . vim rerum: *elegance of language, force of facts.*

19. si diligentius manu tractes: *if you consider it more carefully.*

Page 22. 18. decorum suorum : *of their gods.*

19. Nam: *and why.*

21. quales praesules : *what sort of protectors.*

Page 23. 1. Facessat: subjunctive of exhortation.

3. Quid . . . cruentatis: *why*, etc.

5. Aliis . . . disciplinis : ablative of means.

9. Quid de Attilio : sc. *Regulo.*   **qui militiam etiam mortis impendit** : *who gave even the service of his death.*

12. veterum exempla profertis ? *exempla* here means *rites, customs.*

13. bimestres, etc.: "Perhaps by a Rhetorical exaggeration reference is made to Galba, Otho, and Vitellius, who reigned less than three years between them ; or else to Pertinax and his successor, Julian, each of whom was murdered under three months." — *Schaff.*

17. alter captivus imperator, sub altero : these emperors were Valerian, taken prisoner by Sapor, and treated with great indignity by the Persians, A.D. 260, and his son Gallienus, under whom a number of generals, nicknamed "The Thirty Tyrants," claimed and exercised independent authority. Gallienus made but feeble and desultory attempts to put any of them down, turning into wretched jests each new humiliation, and taking refuge in sensuality from the hopeless task of state reorganization. — *Dictionary Christian Biography.*

22. longaeva: sc. *in mea aetate.*

Page 24. **3. qui condidit**: sc. *me.*

4. magis de Deo, quam Deo: first *Deo* is ablative, governed by *de ;* second *Deo* is dative, governed by *credam.*

11. vestra: *your ways, manners.*

Page 25. **8. gentiles**: sc. *imperatores.*

13. amplius: *a greater benefit.*

18. sine quaestu: *without help*, i.e. financial assistance, contribution.

ST. AUGUSTINE (354–430 A.D.)

St. Augustine was born at Tagasta, in Africa. At the age of seventeen he was sent to Carthage to complete his education. Here he became a convert to the Manichean doctrines, greatly to the sorrow of his mother, who was a Christian. After gaining a reputation for eloquence and learning, he went to Rome, and then to Milan. His mother followed him from place to place, seeking his conversion, which was finally brought about by St. Ambrose. On the death of his mother, a year after his baptism, Augustine returned to Tagasta. After dividing his property among the poor, he retired for three years of solitary meditation and study. In later life he was elected Bishop of Hippo. He perished at the age of 76, in the siege of Hippo, refusing to leave his post when the Vandals surrounded the city.

In many of his writings, as in this selection from his *Confessions*, St. Augustine shows his early classical training, to which he owed a debt he often acknowledged. In this case, however, he shows no sympathy for the literature and philosophy in which he was trained.

Page 26. 5. legere et scribere et numerare : *reading, writing, and arithmetic.*   The Infinitive is here used as a noun.
7. habebam : *I regarded, thought,* or *considered.*

Page 27. 23. venditores grammaticae vel emptores : *buyers or sellers of grammar, learning.*

Page 28. 1. secundum id pactum et placitum, quo inter se homines ista signa firmarunt : *according to,* or *as to, the signs which men have conventionally settled.*
17. ut ego illum : *illum* refers to Homer.

Page 29. 4. Sed illius fluxum . . . ad tentationes martyrum : *only this enforcement restrains the rovings of that freedom, through Thy laws, O my God, Thy laws, from the master's cane to the martyr's trials.*
17. ex eodem pulvere : *from,* or *of, the same school,* or *sect.*
26. et magna res agitur . . . foro : *and a great solemnity is made of it, when this is going on in the forum.*

Page 30. 9. bonae spei puer : *a boy of much promise.*

VOCABULARY

ā or ab (ab is used for a before
   h or a vowel), prep. with abl.,
   by, at, from.
abeō, īre, iī or īvī, itum, *to go
   away, depart, go from, escape.*
abūtor, ūtī, ūsus sum, dep.,
   to use, use up; misuse, waste.
ac or atque, connective conj.,
   and, and also, and even.
Acca, ae, f., *Acca.*
accēdō, ere, cessī, cessum,
   to come to, enter; with abl.
   or dat., *to be added to.*
acceptus, a, um, *appointed,
   agreeable.*
accersō (arcessō), sere, īvī,
   ītum, *to cause to come, to
   call, summon; to bring, fetch.*
accipiō, ere, cēpī, ceptum,
   *to hear, receive, accept, take;
   to appoint.*
accūsō, āre, āvī, ātum, *to
   reproach, blame, call one to
   account.*
aciēs, ēī, f., *a battle-array,
   an army drawn up for battle,
   a battle-line.*
acquiēscō, ere, ēvī, *to acqui-
   esce in, assent to.*
acquīrō, ere, sīvī, sītum, *to
   get, obtain, acquire.*

ācta, orum, n. pl., *things
   done, deeds, acts.*
acūtus, a, um, *sharp, pointed,
   acute, severe.*
ad, prep. with acc., *to, at, for.*
adamō, āre, āvī, ātum, *to
   love, fall in love with.*
addō, ere, didī, ditum, *to put
   to, add to, increase, augment.*
adeō, īre, iī or īvī, ītum, *to
   go to, approach.*
adf, see aff.
adhūc, adv., *to this' point,
   hitherto, till now; besides,
   moreover.*
adimō, ere, ēmī, ēmptum, *to
   take away, deprive of.*
Admētus, ī, m., *Admetus.*
administrō, āre, āvī, ātum, *to
   execute, perform, administer.*
admīrātiō, ōnis, f., *wonder,
   admiration, astonishment.*
admīror, ārī, ātus, sum, dep.,
   to admire, wonder at.
admoneō, ēre, uī, itum, *to
   put in mind, show, suggest,
   admonish, warn.*
adōrātor, ōris, m., *an adorer,
   worshipper.*
adōrō, āre, āvī, ātum, *to
   entreat; worship, adore.*

Adrianus, ī, m., *Adrian,* a celebrated Roman emperor.

adscrībō (ascrībō), ere, scrīpsī, scrīptum, *to ascribe, attribute, impute.*

adulterāns, āntis, part. adj., *one committing adultery, an adulterer.*

adulterium, ī, n., *adultery, adulteration.*

adulterō, āre, āvī, ātum, *to commit adultery, to defile.*

advehō, ere, vēxī, vectum, *to carry to, conduct, bring in.*

adveniō, īre, vēnī, ventum, *to come to, reach, arrive at.*

adventus, ūs, m., *the approach, arrival, forerunner.*

adversārius, ī, m., *an enemy, opponent, adversary.*

adversō, āre, āvī, ātum, *to turn to, turn against; to jeer at, ridicule.*

adversus or **adversum,** prep. with acc., *to, toward, against, in opposition to.*

advertō, ere, vertī, versum, *to turn* or *direct toward, to observe, perceive, remark.*

aedēs (aedis), is, f., *temple, building.*

Aegyptius, a, um, *Egyptian.*

Aegyptus, ī, m., *Egypt.*

Aenēās, ae, m., *Aeneas,* a Trojan prince, son of Venus and Anchises, and the hero of the Aeneid.

aenīgma, atis, n., *an enigma, riddle, question.*

āēr, āeris, m., *the air, weather, atmosphere, heavens.*

aerārium, ī, n., *a bank, a treasury.*

Aesculāpius, ī, m., *Aesculapius,* a son of Apollo.

aetās, ātis, f., *time of life, age.*

aevum, ī, n., *a space of time, age.*

afficiō, ere, fēcī, fectum, *to afflict a person, to trouble, to punish.*

affīgō, ere, fīxī, fīxum, *to fasten to, to fix on.*

affīrmō, āre, āvī, ātum, *to assert, say, affirm.*

afflīctus, a, um, part. adj., *afflicted, distressed, unfortunate.*

Āfrica, ae, f., *Africa.*

Āfricānus, ī, m., *Africanus* (P. Cornelius Scipio); he defeated Hannibal at Zama, 201 B.C.

āgmen, inis, n., *a host, crowd, line of march.*

agō, ere, ēgī, āctum, *to move, drive, tend; carry, do, act, perform, plead, deliver a speech.*

āiō (ais, ait), defective, *to assent, say, assert.*

Alexander, drī, m., *Alexander.*

Alexandrīa, ae, f., *Alexandria.*

Alexandrīnus, a, um, *Alexandrian.*

aliēnus, a, um, *foreign, strange.*

aliō, adv., of place, *to some other place;* of time, *at some other time.*

aliquamdiū, adv., *a while, for some time, for a considerable time.*

aliquandō, temp. adv., *at any time, at some time; once, formerly; hereafter.*

aliquī, aliqua, aliquod, pron. indef. adj., *some, any.*

aliquis, aliquid, pron. indef. subst., *some one, any one, something, anything.*

aliquot, indecl. indef. num., *some, a few.*

aliunde (ali unde), adv., *from elsewhere, to no other source or place.*

alius, alia, aliud, adj., *other, another;* **alius . . . alius,** *the one . . . the other.*

allūdēns, entis, part. adj., *one playing with, joking with, jesting with, one sportively encouraging.*

altāre or **altar, altaris**, post-classical for **altāria, ium**, n. pl., *an altar, a high altar.*

alter, era, erum, adj., *the one, the other, the other of two.*

altercor, ārī, ātus sum, dep., *to dispute, argue.*

alternīs, adv., *alternately, by turns.*

altius, adv., *higher, farther, deeper.*

amāritūdo, inis, f., *bitterness, severity.*

amārus, a, um, adj., *bitter, harsh, severe, disagreeable.*

ambiguus, a, um, *changeable, uncertain, doubtful, ambiguous.*

ambitiō, ōnis, f., *grandeur, vanity, ambition.*

Ambrosius, ī, m., *St. Ambrose*, bishop of Milan, born at Trèves about the year 340.

ambulō, āre, āvī, ātum, *to go about, walk, take a walk, to travel, go away.*

amīcus, ī, m., *a friend, companion.*

amō, āre, āvī, ātum, *to like, love, admire.*

amor, ōris, f., *love, longing, languor.*

Amphilochius, ī, m., *Amphilochius*, bishop of Iconium.

amplius, adv., *more, longer, further, larger, greater.*

amputō, āre, āvī, ātum, *to cut off, cut away, prune, pare.*

an, conj., *or, whether.*

Anatolius, ī, m., *Anatolius*, a chief priest of the church of Laodicea.

ancilla, ae, f., *a maid servant, a female slave.*

Ancus, ī, m., *Ancus.*

angelus, ī, m., *an angel.*

angulus, ī, m., *angle, corner;* *remote place.*

angustia, ae, f., *a narrow place, short in extent, narrow limit.*

anima, ae, f., *life, spirit, soul.*

animadvertō, ere, vertī, versum, *to think, consider, turn the mind to; observe, perceive.*

animal, ālis, n., *an animal, a wild beast.*

animus, ī, m., *the mind, will.*

annus, ī, m., *a year.*

ānser, eris, m., *a goose.*

ante, prep. with acc., *before, in front of;* adv., *before.*

anteā, temp. adv., *before this* or *that, formerly, before.*

Antīchristus, ī, m., *the Antichrist.*

Antiochenus, ī, f., *Antioch.*

antīquitās, ātis, f., *olden time, antiquity.*

Antōnīnus, ī, m., *Antoninus.*

antrum, ī, n., *a cave, cavern.*

aperiō, īre, peruī, pertum, *to uncover, open.*

apertus, a, um, *open, uncovered.*

Apollināris, e, and Apollinarius, a, um, adj., *Apollinarian.*

Apollinārius, ī, m., *Apollinaris*

Apollō, inis, m., *Apollo,* a son of Jupiter and Latona.

Apollōnius, ī, m., *Apollonius,* a Christian apologist.

Apologeticus, ī, m., *the Apology.*

apostolus, ī, m., *an apostle, a follower.*

apparātus, ūs, m., *equipment, provision.*

appāreō, ēre, pāruī, pāritum, *to appear, come in sight, make one's appearance, be visible.*

appellātiō, ōnis, f., *name, title.*

appellō, āre, āvī, ātum, *to call upon, speak to; to entreat, appeal to; to call, pronounce, name.*

Appiō, ōnis, m., *Appio,* a grammarian.

approbō, āre, āvī, ātum, *to approve, assent to, favor.*

Aprīlis, is, m., the month *April.*

apud, prep. with acc., *with, among; in the mind of; in, to, at.*

āra, ae, f., *an altar, an elevation for sacrifice.*

Arātus, ī, m., *Aratus,* a Greek poet.

arcessō (accersō), ere, īvī, ītum, *to fetch, bring, summon.*

Argīvus, a, um, adj., *Argive, of Argos.*

argūmentor, ārī, ātus sum, dep., *to argue, to demonstrate.*

argūmentum, ī, n., *an argument, proof, evidence, sign.*

Aristīdēs, is, m., *Aristides,* an Athenian apologist.

Aristotelēs, is, m., *Aristotle,* a celebrated philosopher, teacher of Alexander the Great.

arma, ōrum, n. pl., *arms, implements, tools.*

armātus, a, um, *equipped, armed.*

Arnobius, ī, n., *Arnobius,* an African heathen rhetorician, who was converted to Christianity.

arrīdēns, entis, part. adj., *one smiling upon, one being pleased with.*

artē, adv., *skilfully, narrowly, closely, briefly.*

artifex, icis, m., *a player, artist, expert, mechanic.*

ascendō, ere, scendī, scēnsum, *to ascend, mount, climb.*

Asia, ae, f., *Asia.*

aspergō (adsp), ere, ersī, ersum, *to scatter, strew upon, sprinkle upon; to dash or cast upon.*

assertiō, ōnis, f., *an assertion, unsupported declaration.*

assūmō, ere, mpsī, mptum, *to take up, add, adopt; to cite, quote, say.*

Assyriī, orum, m. pl., *the Assyrians.*

Asterius, ī, m., *Asterius,* bishop of Amasea in Pontus.

asȳlum, ī, n., *an asylum, refuge.*

at or **ast,** conj., *but, yet, then, on the other hand.*

Athanasius, ī, m., *Athanasius,* bishop of Alexandria.

Athēniēnsis, e, adj., *Athenian.*

Atilius, ī, m., *Atilius* (Regulus).

attigō, old form of **attingō, ere, tigī,** *to touch, come in contact with.*

auctor, ōris, m., *author, writer; originator; persecutor.*

auctōritās, ātis, f., *power, influence, dignity, authority.*

audācior, ius, adj. (compar. of **audāx**), *bolder, more audacious, more presumptuous.*

audeō, ēre, ausus sum, semi-dep., *to dare, venture to do, dare to do.*

audiō, īre, īvī, or **iī, ītum,** *to hear, perceive, listen.*

augeō, ēre, auxī, auctum, *to increase, augment.*

augurium, ī, n., *an augury, prophecy.*

augustus, a, um, *august, majestic, venerable.*

Augustus, ī, m., *Augustus,* a Roman surname.

Aurēliānus, ī, m., *Aurelian*, a Roman emperor.

aureus, a, um, adj., *of gold, golden.*

auris, is, f., *the ear.*

aurum, ī, n., *gold, the bright metal.*

auspicium, ī, n., *auspice; sign, omen.*

auspicor, ārī, ātus sum, dep., *to make a beginning, to begin; to take auspices at the beginning of an undertaking.*

aut, conj., *or;* **aut . . . aut,** *either . . . or.*

autem, conj., *again, moreover, however, but.*

auxilium, ī, n., *aid, help, assistance, succor.*

B

balneum, ī, n. (pl., **balneae, orum,** and **balnea, orum**), *a bath, bath-house.*

barbarus, ī, m., *a barbarian, foreigner, stranger.*

Bardesanēs, is, m., *Bardesanes,* a courtier at Abgars.

Basilius, ī, m., *St. Basil,* bishop of Caesarea, in Cappadocia.

beātus, a, um, adj., *happy.*

bellātor, ōris, m., *a warrior, a soldier, fighter.*

beneficium, ī, n., *a benefit, favor, gift.*

bēstia, ae, f., *a beast, wild beast.*

bibliothēca, ae, f., *a library.*

bibō, ere, bibī, to *drink, imbibe, absorb.*

bifāriam, adv., *in two parts, in two places, in two ways.*

bifrōns, ontis, adj., *with two faces, having two faces.*

bimēstris, e, adj., *of two months' duration, two months old.*

blandīmentum, ī, n., *a caress, a soothing, flattery.*

bonus, a, um, adj., *good, beautiful.*

Bostrēnsis, is, f., *Bostra.*

Brachinānae, arum, pl., *the Brahmans* (of India).

brevis, e, adj., *short, little, small.*

breviter, adv., *shortly, briefly, concisely.*

brūma, ae, f., *winter, wintertime.*

Brūtus, ī, m., *Brutus,* a Roman surname.

C

cadō, ere, cecidī, cāsum, *to fall, fall down; die; happen.*

caedō, ere, cecīdī, caesum, *to strike, beat, cut, cut down, kill.*

Caenophrūrium, ī, m., *Caenophrurium,* a city in Thrace.

Caesar, aris, m., *Caesar,* an emperor.

Caesariēnsis, e, adj., *Caesarean.*

Calendae (or **Kalendae**), **ārum**, f. pl., *the Calends*, or *Kalens*, the first day of the Roman month.

Callimachus, **ī**, m., *Callimachus*, a Greek poet and grammarian.

Calpurnius, **ī.**, m., *Calpurnius.*

calvus, **a**, **um**, adj., *bald, without hair.*

calx₁ calcis, f., *the heel;* hence *the end, close, finish.*

Camillus, **ī**, m., *Camillus*, who recaptured the Tarpeian rock from the barbarians.

candor, **ōris**, m., *whiteness, clearness, radiance, brightness.*

canis, **is**, m. or f., *a dog.*

cānitiēs (acc. **em**; abl. **ē**; other cases do not occur), f., *a gray color, gray hair, old age.*

Cannae, **ārum**, f. pl., *Canna,* made famous by the slaughter of the Roman forces by Hannibal.

cantio, **ōnis**, f., *a singing, a song, a sing-song, an incantation.*

cantō, **āre**, **āvī**, **ātum**, *to sound, to sing, recite.*

capiō, **ere**, **cēpī**, **captum**, *to take, seize, capture, captivate.*

Capitōlīnus, **a**, **um**, *Capitolian, Capitoline.*

Capitōlium, **ī**, n., *the Capitol,* temple of Jupiter on the summit of Mons Capitolinus, at Rome.

Cappadox, **ocis**, m., *a Cappadocian.*

caprea, **ae**, f., *a roebuck; a wild she-goat, a gazelle.*

captīvitās, **ātis**, f., *captivity.*

captīvus, **a**, **um**, *captured, caught, taken prisoner.*

captus, **a**, **um**, part. adj., *captured, imprisoned.*

caput, **itis**, n., *the head, top end, extremity.*

carō, **carnis**, f., *flesh, body.*

Carpi, **orum**, m. pl., *the Carpi,* a people in Dacia.

Carthāginiēnsis, **e**, adj., *Punic, Carthaginian.*

Carthāgō, **inis**, f., *Carthage.*

cārus, **a**, **um**, *dear, esteemed, loved.*

cassus, **a**, **um**, adj., *empty, worthless, useless.*

Castor, **oris**, m., *Castor,* brother of Pollux.

causa (**caussa**), **ae**, f., *cause, reason, motive.*

causā, prep. with gen., *on account of, for the sake of.*

causidicus, **ī**, m., *a pleader, an advocate.*

cautiō, **ōnis**, f., *heedfulness, precaution.*

cēdō, **ere**, **cessī**, **cessum**, *to yield to, submit to.*

celebrō, āre, āvī, ātum, *to celebrate, solemnize; to frequent.*

Celsus, ī, m., *Celsus,* the author of a treatise against Christianity.

cēnseō, ēre, cēnsuī, cēnsum, *to count, reckon, compute.*

cēnsus, ūs, m., *census, sum, amount, total.*

Cereālis, e, adj., *Cerealian, of Ceres.*

cēremōnia, ae, f., *ceremony, rite.*

cernō, ere, crēvī, *to distinguish, see, discern, perceive;* of legislative acts, *decree.*

certē, adv., *certainly, assuredly, surely; yet, indeed, at least; undoubtedly.*

certus, a, um, adj., *determined, certain, fixed, sure.*

cervīx, īcis, f., *the neck.*

cēterum (or **caeterum**), adv. and conj., *but, besides, moreover, in other respects.*

cēterus (**caeter**), **cētera, cēterum,** adj., *the other, the rest, the remainder.*

Christiānus, a, um, adj., *Christian;* **Christiānus, ī,** m., *a Christian.*

Christus, ī, m., *Christ,* the Saviour of mankind.

Cicerō, ōnis, m., *Cicero.*

Circē, ae, f., *Circe,* daughter of the Sun and of Perse.

circēnses, ium, m. pl., *the games of the Circus.*

circum, adv., and prep. with acc., *around, about, all around, at.*

circumferō, ferre, tulī, lātum, irreg., *to carry about or around.*

circumveniō, īre, vēnī, ventum, *to come around, encircle, surround, beset.*

circumvolvō, ere, *to roll around, twine around, envelop, surround.*

circus, ī, m., *a ring, a racecourse, the Circus.*

cīvitās, ātis, f., *the state, commonwealth.*

clāmāns, antis, part. adj., *one calling, shouting,* or *crying out.*

clāmō, āre, āvī, ātum, *to call, shout aloud, cry out.*

clārus, a, um, *clear, bright, renowned, famous, illustrious.*

clausula, ae, f., *a close, conclusion, an end, ending.*

clāva, ae, f., *a club, cudgel.*

clāvus, ī, m., literally, *nail; handle, rudder, helm.*

Clēmēns, entis, m., *Clement,* a Christian writer of Alexandria.

clēmēns, entis, adj., *mild, gentle, kind, gracious.*

clēmentia, ae, f., *benignity, mercy, highness, grace, reverence.*

Cloācīna, ae, f., *the Purifier,* a surname of Venus.

coecō (cae-), āre, āvī, ātum, *to make dark, darken; to obscure.*

coelestis (cae-), e, adj., *heavenly, celestial, divine.*

coelum (cae-), ī, n., *heaven, the heavens.*

coepiō, ere, coepī, coeptum (imperfect tenses rare and ante-classical), *to begin, commence.*

coerceō, ēre, cuī, citum, *to confine on all sides, to hold back, restrain, deter, check.*

cōgitō, āre, āvī, ātum, *to consider, think, plan, devise.*

cognōmentum, ī, n., *a surname.*

cōgnōscō, ere, gnōvī, gnitum, *to see, learn;* hence, *to know.*

cōgō, cōgere, coēgī, coāctum, *to drive together, collect, assemble, compel, force, urge, exact.*

cohaereō, ere, haesī, *to hang together, adhere to, be consistent with.*

collēgium, ī, n., *a college, brotherhood.*

collocō, āre, āvī, ātum, *to place, set up, build, erect.*

colō, ere, coluī, cultum, *to cultivate, till, tend, take care of; to honor, revere, reverence, worship.*

color, ōris, m., *color, tint, hue.*

columna, ae, f., *a column, pillar, post.*

comītium, ī, n., *a chamber, a place of meeting.*

commemorō, āre, āvī, ātum, *to keep in mind, remember; to say, declare.*

commendātiō, ōnis, f., *commendation, praise.*

commentārius, ī, m., *a note, statement, brief, commentary.*

commentīcius, a, um, adj., *fabricated, made up, thought out, invented.*

commodius, adv. (compar.), *more easily, more completely, more perfectly.*

commoneō, ēre, monuī, monitum, *to remind, impress on one's mind,*

commoror, ārī, ātus sum, *to linger, abide, sojourn, remain.*

commūnis, e, adj., *common, ordinary, general.*

comparātiō, ōnis, f., *a comparing, comparison.*

compāreō, ere, uī, *to appear, be visible, be present.*

comparō, āre, āvī, ātum, *to put together, compare, match.*

comperiō, īre, perī, pertum, *to find out, ascertain, learn.*

compertus, a, um, adj. part., *found out, learned, ascertained.*

comprehendō, ere, dī, sum, *to apprehend, comprehend, to state, describe, narrate.*

comprehēnsiō, ōnis, f., *a seizing, a laying hold of, an arresting, a catching.*

comprōbō, āre, āvī, ātum, *to prove, establish, attest, affirm, to test, put to a test.*

conciliābulum, ī, n., *a public place, market place, a court.*

concipiō, ere, cēpī, ceptum, *to take, receive, lay hold of; to conceive, devise, express.*

concordia, ae, f., *concord, union, harmony.*

concremō, āre, āvī, ātum, *to burn up, consume.*

conditiō, ōnis, f., *condition, nature.*

condītrix, tricis, f., *a female builder, a foundress.*

condō, ere, didī, ditum, *to build, found, establish, produce, make.*

cōnfābulātiō, ōnis, f., *conversation, intercourse.*

cōnferō, ferre, tulī, collā-tum, *to bring together, collect, gather; give to, confer, bestow.*

cōnfessiō, ōnis, f., *confession, acknowledgment.*

cōnfessor, ōris, m., *a confessor; acknowledger.*

confīdēns, entis, part. adj., *bold, daring, undaunted.*

cōnfīrmō, āre, āvī, ātum, *to make firm, establish, strengthen, confirm.*

cōnfiteor, ērī, essus sum, dep., *to acknowledge, confess, admit, own.*

congregō, are, avī, atum, *to assemble, collect.*

congruō, ere, uī, *to come together, meet, coincide, agree with, correspond to.*

conjugium, ī, n., *a connection, union; marriage, wedlock.*

cōnscendō, ere, scendī, scēnsum, *to climb up, mount, ascend.*

cōnsecrō, āre, āvī, ātum, *to dedicate, devote to, consecrate to.*

cōnsīdō, ere, sēdī, sessum, *to sit down, sit; settle, encamp.*

cōnsilium, ī, n., *counsel, wisdom; a plan.*

cōnsor, ortis, adj., *sharing in common.* As a subst., m. or f., *brother, sister, consort,* one who shares in something with another.

cōnspectus, ūs, m., *sight, view, vision.*

cōnspīrātiō, ōnis, f., *union, plot, conspiracy.*

Constantinus, ī, m., *Constantine.*

cōnstitūtus, a, um, *placed, arranged, fixed, established.*

Cōnsuālia, ium, n. pl., *the Consualia,* games in honor of Consus.

cōnsul, ulis, m., *a consul.*

cōnsulātus, ūs, m., *the consulship, office of consul.*

Cōnsus, ī, m., *Consus,* an ancient Italian deity.

contāminō, āre, āvī, ātum, *to corrupt, contaminate, defile, stain.*

contemnō, ere, tempsī, temptum, *to scorn, esteem lightly, despise.*

contentiō, ōnis, f., *contest, strife, contention.*

contexō, ere, xuī, xtum, *to form, compose, construct.*

contineō, ēre, tinuī, tentum, *to hold within, contain, to bind, keep together.*

contrā, adv., and prep. with acc., *opposite, against, in opposition to.*

contraiō (contra, aiō), ais, ait, dep., *to speak against, contradict.*

contumēliōsē, adv., *with insult, insolently, injuriously.*

contumēliōsus, a, um, *reproachful, insolent.*

contus, ī, m., *a spear, a spike.*

conventus, ūs, m., *council, assembly, meeting.*

convertō, ere, tī, sum, *to turn round, change, alter, overturn, convert.*

cōpia, ae, f., *supply, fulness, abundance; population.*

cōpulātus, a, um, *joined together, united, connected.*

cor, cordis, n., *the heart, soul.*

Corinthius, a, um, *Corinthian, a Corinthian.*

Cornutus, ī, m., *Cornutus,* a Stoic philosopher.

corōna, ae, f., *a crown, wreath.*

corpus, oris, n., *the body, a body, a substance.*

corripiō, ere, ripuī, reptum, *to seize, attack; rebuke, reprove.*

corrumpō, ere, rūpī, ruptum, *to break up, burst through; to destroy, waste, spoil, corrupt.*

coruscus, a, um, adj., *waving, tremulous; flashing, gleaming, brilliant, glittering.*

crēdēns, entis, part adj., *trusting, believing.*

crēdō, ere, didī, ditum, *to trust, believe, have faith in, think, suppose.*

crēdulus, a, um, *credulous, believing.*

crēscō, ere, crēvī, crētum, *to grow, spring up, arise; increase, thrive, augment, multiply.*

Crēta, ae, f., *Crete,* an island in the Mediterranean.

Crētēnsis, e, adj., *Cretan.*

Crēticus, a, um, adj., *Cretan.*

Creūsa, ae, f., *Creusa,* daughter of Priam, and wife of Aeneas.

crīmen, inis, n., *an offence, crime, wickedness, sinfulness.*

criticus, ī, m., *a critic.*

cruciātus, ūs, m., *torture, torment, pain, punishment.*

cruciō, āre, āvī, ātum, *to torture, torment, afflict.*

crūdēlis, e, adj., *cruel, rough, harsh.*

cruentō, āre, āvī, ātum, *to make bloody, sprinkle with blood, wet with blood.*

cruentus, a, um, *bloody, cruel, sanguinary.*

cruor, ōris, m., *blood, gore.*

crux, crucis, f., *a cross.*

cultor, ōris, m., *a cultivator, teacher.*

cultūra, ae, f., *worship, honoring..*

cultus, ūs, m., *care; cultivation, worship, reverence.*

cum, prep. with abl., *with, together with, among.*

cum (*also* **quum**), conj. temp., *when, since, after;* as a causal part. (with the subj.), *since, as, while.*

cūnctus, a, um, *all, all together, entire, whole.*

cupiō, ere, īvī, ītum, *to long for, desire, wish.*

cūr, adv., *wherefore, why.*

cūra, ae, f., *painstaking, attention, care.*

cūria, ae, f., *a curia or tribe; assembly, a meeting-house, court, senate-house.*

cūriōsitās, ātis, f., *desire of knowledge, curiosity.*

currō, ere, cucurrī, cursum, *to run, hasten, hurry.*

currus, ūs, m., *a chariot, triumphal car.*

cursor, ōris, m., *a runner.*

custōdiō, ire, īvī, ītum, *to watch, observe, keep, preserve, guard.*

cutis, is, f., *the skin, hide, leather.*

cȳgnus, ī, m., *a swan.*

Cypriānus, ī, m., *Cyprian.*

Cyprius, a, um, adj., *Cyprian, of Cyprus.*

Cyprus, ī, f., *Cyprus,* an island in the Mediterranean.

D

Dācia, ae, f., *Dacia.*

daemōn, ōnis, m., *an evil spirit, a demon.*

daemonius, ī, m., *a demon.*

damnō, āre, āvī, ātum, *to condemn, renounce.*

David, m., indecl., *David.*

dē, prep. with abl., *touching, about, concerning; from, of; with respect to, on account of, by.*

dea, ae, f., *a goddess.*

dēbeō, ere, uī, itum, *to owe, be under an obligation; ought to.*

decem, card. num., *ten.*

dēcernō, ere, crēvī, crētum, *to determine, decide, judge, decree, appoint.*

decimus, a, um, ord. num., *tenth.*

dēcipiō, ere, cēpī, ceptum, *to deceive, cheat.*

Decius, ī, m., *Decius,* a Latin praenomen.

dēcrētum, ī, n., *a decree, order.*

decus, oris, n., *splendor, glory, dignity, virtue.*

dēdecus, oris, n., *disgrace, dishonor, infamy.*

dēdicō, āre, āvī, ātum, *to dedicate, consecrate.*

dēfendō, ere, dī, fēnsum, *to defend, claim, maintain.*

dēferō, ferre, tulī, lātum, *to bring away, to report, announce, to give over, hand over, to pay, to offer, to transfer.*

dēficiō, ere, fēcī, fectum, *to fail, leave, abandon, forsake.*

dēfodiō, ere, fōdī, fossum, *to dig downwards, to bury, to hide, conceal.*

dēfūnctus, a, um, adj., *dead, deceased.*

dehinc, adv., *hereafter, henceforth, afterwards, next.*

dēiiciō, ere, iēcī, iectum, *to throw, cast,* or *hurl down, to precipitate.*

dein, for deinde, adv., *thereupon, after, afterwards.*

dēleō, ēre, ēvī, delētum, *to abolish, destroy.*

dēlīrus, a, um, *foolish, crazy, silly.*

delītēscō, ere, tuī, *to lie hid.*

delphīnus, ī, m., *a dolphin.*

dēlūbrum, ī, n., *a shrine, sanctuary, temple.*

Demetrianus, ī, m., *Demetrianus.*

Dēmētrius, ī, m., *Demetrius.*

dēmōnstrō, āre, āvī, ātum, *to show, point out, indicate, prove, demonstrate.*

dēnique, adv., *and then, at length, at last.*

dēns, dentis, m., *a tooth.*

dēputō, āre, āvī, ātum, *to reckon, esteem, consider.*

dēripiō, ere, ripuī, reptum, *to pull off, tear off, remove, flay.*

dērīsus, ūs, m., *mockery, scorn, derision.*

dērogō, āre, āvī, ātum, *to repeal, take away, diminish, disparage.*

dēscendō, ere, dī, scēnsum, *to come, come down, descend.*

dēsum, deesse, defuī, irreg., *to be away, absent, wanting, missing, lacking.*

dētergeō, ēre, sī, sum, *to wipe off, wipe away.*

dētineō, ēre, tinuī, tentum, *to keep back, keep, retain, hold.*

Deus, ī, m., *God;* deus, *a god.*

Deuteronomium, ī, n., *Deuteronomy,* one of the books of the Bible.

dēvolvō, ere, volvī, volūtum, *to tumble down, destroy; to deprive of.*

diabolus, ī, m., *the devil.*

dialecticus, a, um, adj., *of* or *pertaining to disputation, dialectical.* As a subst., **dialecticus, ī**, m., *a dialectician, a logician.*

dialogus, ī, m., *a dialogue, conversation.*

Diāna, ae, f., *Diana,* sister of Apollo.

dicō, āre, āvī, ātum, *to dedicate, consecrate, devote.*

dīcō, ere, dīxī, dictum, *to say, call, name, pronounce; to appoint, establish.*

dictum, ī, n., *a saying, a word.*

Dīdō, ōnis, f., *Dido* (Elisa or Elissa), the foundress of Carthage.

diēs, ēī, f., *a day.*

differō, ferre, distulī, dīlātum, irreg., *to defer, delay, put off.*

difficultās, ātis, f., *difficulty, hardship, trouble, distress.*

dīgnē, adv., *worthily, fitly, becomingly.*

dīgnitās, ātis, f., *dignity, authority, worth.*

dīgnus, a, um, *worthy, deserving, fit, proper.*

dīligenter, adv., *attentively, carefully, diligently, earnestly.*

dīligō, ere, lēxī, lēctum, *to choose, value highly, esteem, love.*

dīmicō, āre, āvī, ātum, *to fight, contend, struggle, strive.*

dīmittō, ere, mīsī, missum, *to send out, send forth.*

Dionȳsius, ī, m., *Dionysius,* a bishop of the Corinthians.

Dioscorus, ī, m., *Dioscorus,* a celebrated physician.

dīsciplīna, ae, f., *discipline, training, manner, method, teaching, religion.*

dīscipulus, ī, m., *a disciple, a follower, an apostle.*

discō, ere, didicī, *to learn, know, become acquainted with.*

discordia, ae, f., *discord, dissension*.

discurrō, ere, currī (cucurrī), cursum, *to run around or about, run to and fro*.

dispendium, ī, n., *expense, cost, loss*.

dīspergō, ere, sī, persum, *to scatter, disperse, distribute*.

dispōnō, ere, posuī, positum, *to set in order, dispose, arrange, regulate*.

disputātiō, ōnis, f., *arguing, disputing, a discussion, a dispute, an argument*.

disputō, āre, āvī, ātum, *to estimate, compute; investigate, discuss, argue, dispute*.

dissimilis, e, adj., *unlike, dissimilar, different*.

dissimulō, āre, āvī, ātum, *to hide, disguise, keep secret, conceal; to ignore, shun*.

diū (diūtius, diūtissimē), adv., *long, for a long time*.

dīves, itis, adj., *rich, precious, abundant, well stocked*.

dīvīnitās, ātis, f., *godhead, divinity*.

dīvīnus, a, um, *divine, holy*.

dō, dare, dedī, datum, *to give, present, donate*.

doceō, ēre, docuī, doctum, *to teach, instruct, inform, tell*.

doctor, ōris, m., *a teacher, instructor*.

doctrīna, ae, f., *doctrine, teaching, instruction*.

doctus, a, um, part. adj., *learned, skilled, experienced*.

documentum, ī, n., *a lesson, pattern, example, warning*.

dogma, atis, n., *a dogma, a decree*.

dominātiō, ōnis, f., *rule, government, power, dominion*.

Dominus, ī, m., *the Lord; a master, a ruler*.

domus, ūs, f., *a house, a home, a dwelling, a palace*.

Dōnātus, ī, m., *Donatus*.

dōnec, conj., *until, till, at length, when*.

dorsum, ī, n., *the back*.

dōtātus, a, um, part. adj., *endowed, gifted, provided*.

dūcō, ere, dūxī, ductum, *to lead, conduct, bring; think, consider, hold, suppose*.

ductor, ōris, m., *a leader, commander, general*.

dūdum, adv. temp., *a long time since; formerly; before; just now*.

dulcis, e, adj., *sweet, agreeable, pleasing, choice*.

dum, conj., *while, as long as, until;* with subj., *provided that, if*.

dumtaxat, adv., *literally, while one examines; provided that, if, exactly, merely*.

duo, ae, duo, card. num., *two*.

duodecim, card num., *twelve.*

dux, ducis, m., *leader, guide, ruler.*

E

ē (ex is used before *h* and before a vowel), prep. with abl., *from, out of, of.*

ēbrius, a, um, adj., *drunk, intoxicated.*

ecce, adv. demonstr., *lo! see! behold!*

ecclēsia, ae, f., *a church, a place of assembly.*

edāx, ācis, adj., *voracious, devouring.*

ēdentulus, a, um, *toothless, without teeth.*

ēdīscō, ere, didicī, *to learn thoroughly* or *by heart, commit to memory, learn, study.*

ēditiō, ōnis, f., *a statement, a will.*

edō, ere, ēdī, ēsum, *to eat, devour.*

**ēdō, ere, ēdidī, ēditum, to put forth, emit, publish, declare, print, edit; perform, celebrate.*

effētus, a, um, part. adj., *exhausted, worn out; incapacitated.*

effigiēs, ēi, f., *image, likeness, effigy.*

ego, pers. pron. 1st pers., *I;* pl., **nos,** *we.*

ēgregius, a, um, *uncommon,* distinguished, excellent, eminent.*

ēlēctus, a, um, *picked, selected, chosen, choice, excellent.*

ēlegantia, ae, f., *refinement, grace, elegance.*

Eleusīnus, a, um, *Eleusinian.*

ēligō, ere, lēgī, lēctum, *to pick out, choose, select.*

ēloquēns, entis, part adj., *speaking well, eloquent.*

ēloquentia, ae, f., *the art of speaking well, eloquence.*

ēloquium, ī, n., *eloquence, power of speaking well.*

ēlūceō, ēre, xī, *to shine out, shine forth; to show one's self, be apparent, be manifest.*

ēmānō, āre, āvī, ātum, *to spring up, arise, emanate from, spread, be diffused.*

ēmendō, āre, āvī, ātum, *to correct, improve, emend.*

ēmicō, āre, cuī, cātum, *to rise up, spring up into sight, appear.*

Emisenus, ī, f., *Emisa.*

ēmolumentum, ī, n., *effort, labor; gain, profit, pay, stipend.*

ēmptor, ōris, m., *a buyer, a purchaser.*

ēn, interj., *lo! behold! see!*

enim, conj., *for, indeed, truly.*

ēniteō, ēre, uī, *to shine forth, gleam, brighten.*

ēnormitās, ātis, f., *hugeness, enormous size; enormity.*

ēnsis, is, m., *a sword.*

enūntiātiō, ōnis, f., *a declaration, enunciation, a name.*

Epicūrus, ī, m., *Epicurus.*

Epimenidēs, is, m., *Epimenides,* a Greek poet and prophet.

episcopus, ī, m., *a bishop.*

epistola, ae, f., *a written communication, a letter, an epistle.*

epistolāris, e, adj., *epistolary, pertaining to a letter.*

Equīria, ōrum, n. pl., the annual horse-race in the Campus Martius, in honor of Mars.

equus, ī, m., *a horse.*

ērādō, ere, sī, *to scratch out, erase, remove, eradicate.*

ergō, adv., *therefore, consequently, accordingly.*

errō, āre, āvī, ātum, *to wander about, lose one's self; to err, make a mistake.*

error, ōris, m., *a wandering or straying about; wavering, departure from the right way, error, delusion.*

ērubēscō, ere, ērubuī, *to grow red, blush, be ashamed.*

ērudiō, īre, īvī, ītum, *to polish; educate, teach, instruct, bring up.*

ērudītiō, ōnis, f., *learning, knowledge, instruction, erudition.*

ērudītus, a, um, part. adj., *learned, well-informed, experienced, skilled.*

et, conj., *and;* et . . . et, *both . . . and.*

etenim, conj., *for, truly, because, since.*

ethnicus, a, um, adj., *heathen, pagan.*

etiam, conj., *and also, furthermore, even, besides.*

Etrūria, ae, f., *Etruria,* a country on the western coast of Italy.

etsī, conj., *though, although, even, if.*

eurīpus, ī, m., *strait, canal, conduit.*

Eusebius, ī, m., *Eusebius,* a learned bishop of Caesarea.

Eustathius, ī, m., *Eustathius,* bishop of Antioch at the time of the Nicene Council.

Eva, ae, f., *Eve,* the first woman.

ēvangelium, ī, n., *the Gospel; good news.*

ēversiō, ōnis, f., *an overthrowing, destruction.*

ēvertō, ere, ēvertī, eversum, *to overthrow, overturn, upset, agitate, disturb.*

ēvolvō, ere, volvī, volūtum, *to unroll, unfurl; to read, peruse.*

ēvomō, ere, uī, itum, *to vomit forth; put* or *send forth.*

exāmen, inis, n., *a weighing, an examination, an investigation, a consideration.*

excarnificō, āre, ātum, *to torment, torture, to cut to pieces.*

excēdō, ere, cessī, cessum, *to go away; to exceed, overstep, go beyond, transgress.*

excellō, ere, celsum, *to rise, elevate; to be eminent, to distinguish one's self, to excel.*

excidō, ere, cidī, *to fall from, fall out, slip out from, escape.*

excīdo, ere, cīdī, cīsum, *to cut down, raze, demolish, lay waste, destroy.*

excipio, ere, cēpī, ceptum, *to take out, except, make an exception to; to take, receive.*

excito, āre, āvī, ātum, *to wake up, arouse, excite.*

exclūdō, ere, clūsī, clūsum, *to shut out, except, exclude, cut off, separate.*

excōgitō, āre, āvī, ātum, *to devise, contrive, invent.*

excutiō, ere, cussī, cussum, *to cast* or *drive out, search, investigate, examine.*

exemplum, ī, n., *an example, a pattern, model, sample, a copy of a book.*

exerceō, ēre, exercuī, exercitum, *to superintend, work, exercise, practice.*

exercitus, us, m., *an army.*

exhibeō, ēre, uī, itum, *to hold out, tender, present, deliver, give up; to show, exhibit.*

exigō, ere, ēgī, āctum, *to demand, require, exact.*

exinde, adv., *thence, next, after that.*

exīstimō, āre, āvī, ātum, *to judge, consider, think, esteem.*

exitus, ūs, m., *end, death, departure.*

exōrdium, ī, n., *the beginning, commencement, introduction.*

expedītiō, ōnis, f., *an expedition, a campaign.*

explicō, āre, āvī, ātum, or uī, itum, *to unfold, unroll, adjust, regulate, explain.*

explōrō, āre, āvī, ātum, *to search out, seek, examine, explore, discover, find out, learn, know.*

expōnō, ere, posuī, positum, *to set forth, explain; relate, publish, tell.*

exprimō, ere, pressī, pressum, *to press out,* hence *to model, form, sculpture, portray.*

exprobro, āre, āvī, ātum, *to upbraid, reproach.*

exsecrābilis, e, adj., *accursed, detestable.*

exsequor, sequī, secūtus, dep., *to treat of, describe, carry out, follow to the end.*

exsistō, ere, exstitī, exstitum, *to step out, come forth, appear.*

exspectō, āre, āvī, ātum, *to look for, wait for, expect.*

exstinguō, ere, exstinxī, exstinctum, *to put out, extinguish; abolish, destroy, kill, slay.*

exstō, āre, *to be extant, to exist, to be.*

exsurgō, ere, surrēxī, *to rise up, rise, recover strength* or *power.*

extorqueō, ēre, sī, tum, *to twist out, dislocate, to wrench out, take away by force.*

extrēmis, a, um, *utmost, extreme, farthest, last, end.*

exuō, ere, uī, ūtum, *to put off, put away, lay aside; to strip, despoil, deprive.*

exuviae, ārum, f. pl., *robes, clothing; arms, equipment.*

F

fābella, ae, f., *a brief narrative, a story, a poem.*

fabricō, āre, āvī, ātum, or **fabricor, ārī, ātus sum,** *to frame, construct, build, make, make up, fabricate.*

fābula, ae, f., *a story, a poem, a narrative.*

fābulōsus, a, um, *fabulous.*

facessō, ere, cessī, ītum, *to do earnestly, to despatch, to go away, retire, depart.*

facilius, adv., *more easily, more readily.*

faciō, ere, fēcī, factum, *to do, make, create, effect, produce, bring to pass.*

factum, ī, n., *a deed, an act.*

fallō, ere, fefellī, falsum, *to deceive, cheat, disappoint.*

falsus, a, um, *deceptive, false, spurious.*

famēs, is, f., *hunger, famine, poverty.*

fastīgium, ī, n., *the roof, top, summit.*

fāstus, a, um, part., *fixed;* with **dies,** *festival, feast-day.*

fateor, fatērī, fassus (fatī or **farī),** dep., *to confess, own, acknowledge.*

febris, is, f., *a fever;* deified, *Fever.*

fel, fellis, n., *the gall-bladder, gall; poison; anger.*

Felix, icis, m., *Minucius Felix,* a Roman lawyer of the second century.

Feretrius, ī, m., *Feretrius,* a surname of Jupiter.

ferō, ferre, tulī, lātum, irreg., *to bear, carry, bring, convey; allow, permit.*

ferōcīo, īre, īvī, ītum, *to rage, be fierce, do violence.*

ferula, ae, f., *a cane, a rod, a stick.*

ferus, a, um, *wild, untamed, barbarous.*

fēstus, a, um, *holy, solemn, festal.*

fīctus, a, um, part. adj., *fictitious, false.*

fidēlis, e, adj., *trusty, faithful, reliable.*

fidēs, eī, f., *faith, confidence, trust, belief.*

fīdō, ere, fīsus sum, semidep., *to trust in, have confidence in, confide in, believe.*

figmentum, ī, n., *an image, a fiction.*

fīlius, ī, m., *a son.*

fingō, ere, fīnxī, fīctum, *to shape, form, make, invent.*

fīniō, īre, īvī, ītum, *to finish, end, close, cease.*

fīnis, is, m., *a boundary, limit, border.*

fīō, fierī, factus sum, used as pass. of facīō. See facīō.

Fīrmiānus, i, m., *Firmian.*

fīrmō, āre, āvī, ātum, *to make firm, establish, steady, settle.*

flāgitiōsus, a, um, *shameful, disgraceful, wicked.*

flāgitium, ī, n., *a crime, a shameful* or *disgraceful act.*

flāmen, inis, m., *a priest of one particular deity.*

flēbilis, e, adj., *tearful, doleful, lamentable.*

Flōrālis, e, adj., *Floralian.*

flōrēns, entis, part. adj., *blossoming; fresh, young.*

flōridus, a, um, *blooming, flourishing.*

fluō, ere, fluxī, fluxum, *flow, roll, flood.*

fluxus, a, um, *flowing, weak, effeminate, debased.*

fluxus, us, m., *flood, flow, deluge.*

foedus, eris, n., *a treaty, an agreement, a contract.*

fōns, fontis, m., *a spring, fountain, source, origin, cause, uprising.*

forīs, adv., *outside, without, out of doors.*

fōrma, ae, f., *form, outline, character, manner.*

fōrmōsus, a, um, adj., *beautiful, well-formed.* As a subst., **formosus, i, m.,** *beauty, gracefulness.*

forte, adv., *perhaps, perchance, indeed.*

fortissime, adv., *very strongly, very powerfully.*

fortuītus, a, um, *chance, casual, accidental.*

forum, ī, n., *the forum, market-place, public-place.*

frāter, tris, m., *a brother.* ·

frātricīda, ae, m., *the murderer of a brother, a fratricide.*

fraus, fraudis, f., *treachery, fraud, deceit.*

frīgeō, ere, *to be cold, dull, lifeless, languid.*

frōns, frondis, f., *a tree, leafy branch, foliage.*

frūctus, ūs, m., *fruit, produce, profit.*

frūgālitās, tātis, f., *cheapness, frugality.*

fuga, ae, f., *flight, escape.*

fugō, āre, āvī, ātum, *to put to flight, chase away, expel.*

fulmino, āre, *to lighten, to hurl lightnings;* pass., *to be struck by lightning.*

fundāmentum, ī, n., *foundation, groundwork, basis.*

fundō, ere, fūdī, fūsum, *to pour, pour out, shed; to pour forth, utter.*

fūnebris, e, adj., *funereal, deathly.*

furō, ere, *to be mad, be furious, to rage.*

furor, ōris, m., *rage, madness. fury.*

futūrus, a, um (part. of **sum**), *about to be, future.*

G

Galilaeus, a, um, *Galilean.* As a subst., m., *a Galilean.*

gaudeō, ēre, gāvīsus sum, semi-dep., *to rejoice, be glad, take pleasure in.*

Geminus, i, m., Roman family name. Plu., **Gemini, orum,** the twin constellation, Castor and Pollux.

generālis, e, adj., *universal, all.*

gēns, gentis, f., *a nation, people, class; a foreigner, a Gentile.*

Gentīlis, e, adj., *Gentile, heathen, pagan.*

genus, eris, n., *species, kind, sort, race.*

gerō, ere, gessī, gestum, *to accomplish, to do, carry out, perform.*

gladius, ī, m., *a sword.*

glōria, ae, f., *glory, renown, praise, fame.*

glōrior, ārī, ātus sum, *to glory, boast.*

glōriōsus, a, um, *glorious, renowned.*

Golia, ae, m., *Goliath.*

Graecus, a, um, *Grecian, Greek.* **Graece,** adv., *in Greek.*

grammatica, ae, f., *grammar; literature, philology.*

grammaticus, i, m., *a grammarian, rhetorician, teacher.*

grandis, e, adj., *full-grown, large; grand, great; lofty, sublime.*

grātia, ae, f., *gift, favor, kindness;* with gen., *for the sake of.*

gravis, e, adj., *heavy, harsh, severe, important.*

graviter, adv., *heavily, severely, violently.*

Gregorius, ī, m., *Gregory.*

grex, gregis, m., *flock, herd, drove, crowd.*

H

habeō, ēre, uī, itum, *to have, possess, hold.*

habitus, ūs, m., *character, nature, appearance, disposition,*

Hannibal, alis, m., *Hannibal,* leader of the Carthaginians in the second Punic war.

Hebraeus, i, m., *a Hebrew.*

hēmistichium, ī, n., *a hemistich, one-half a line.*

Herculēs, is, m., *Hercules,* the god of strength.

hereseon, ī, n., *heresy.*

Hermatelēs, is, m., *Hermateles.*

hīc, haec, hōc, dem. pron., *this.*

Hierōnymus, ī, m., *Jerome.*

Hieropolītānus, a, um, *Hieropolitan.*

Hilarius, ī, m., *Hilary,* bishop of Poictiers; defended the faith against Arianism.

hinc, adv., *from this source, cause, place, time; hence.*

Hippolytus, ī, m., *Hippolytus,* the first anti-Pope.

historia, ae, f., *a narrative of past events, history.*

hodiē, adv., *to-day, at the present day.*

hodiēque, for hodiē quoque, *to this day, still, now.*

Homērus, ī, m., *Homer,* the famous Greek poet.

homō, inis, m., *a man, a human being.*

honor, ōris, m., *respect, honor, repute, esteem; reward, recompense.*

honōrifica, ae, f., *honor, respect, esteem, worship.*

honōrificē, adv., *in an honorable or respectful manner, honorably.*

honōrificus, a, um, *that which does or confers honor; honorable, respectable.*

honōrō, āre, āvī, ātum, *to honor, respect, esteem.*

hōra, ae, f., *an hour, time.*

hospitium, ī, n., *hospitality.*

hostia, ae, f., *victim, sacrifice,*

Hostīlius, ī, m., *Hostilius,* king of Rome.

hostis, is, m. or f., *an enemy* (public).

hūjusmodī (gen. of hic and modus), indecl. adj., *of this sort, of this kind, such.*

hūmānus, a, um, *human, mortal.*

humus, ī, m., *the earth, the ground, the soil.*

I

iaceō, ēre, cuī, *to lie, lie sick, to be ill, to lie prostrate; to be neglected; to be cast down, dejected.*

iaciō, ere, iēcī, iactum, *to throw, cast, fling, hurl.*

iactō, āre, āvī, ātum, *to throw, cast, hurl, scatter.*

iam, adv., *already, now, at length.*

Iāniculum, ī, n., *one of the seven hills of Rome.*

Iānuārius, ī, m., *January.*

Iānus, ī, m., *the sun-god, Janus.*

Īda, ae, f., *Ida,* a mountain in Crete.

Īdaeus, a, um, *of* or *belonging to Ida.*

īdem, eadem, idem, pron., *the same, this same.*

ideō, adv., *for that reason, on that account, therefore.*

īdōlolatria (īdōlatria), ae, f., *idolatry, idol-worship.*

īdōlum, ī, n., *an idol, image.*

Iēsus, ī, m., *Jesus.*

igitur, adv., *then, therefore, accordingly, thereupon.*

īgnis, is, f., *fire.*

īgnōminia, ae, f., *disgrace, dishonor, ignominy.*

īgnōrō, āre, āvī, ātum, *to be unacquainted with, ignorant of, not to know.*

īgnōtus, a, um, *unknown, unacquainted.*

īlia, ium, n. pl., *the flank, the vitals; the entrails of animals.*

illacrimō, āre, āvī, ātum, also **illacrimor,** dep., *to weep, bewail, lament, complain.*

ille, illa, illud, pron., *that (yonder); well known, famous.*

illīc, adv., *there, in that place.*

illūc, adv., *thither, thereto, there.*

imāgō, inis, f., *an image, statue, likeness.*

imbuō, ere, uī, ūtum, *to wet, soak, saturate; to impress on, imbue, instruct, teach.*

imito, āre, āvī, ātum, and **imitor, āre, ātus sum,** *to imitate, copy, follow, feign, pretend, counterfeit.*

immō (or **īmō**), adv., (1) in contradiction or denial, *no indeed, by no means;* (2) in general, *assuredly, nay rather, by all means.*

immolō, āre, āvī, ātum, *to offer sacrifice, to immolate.*

immundus, a, um, *unclean, impure, filthy.*

impendeō, ēre, *to hang over, overhang.*

impendō, ere, dī, sum, *to spend, expend; to give, devote, render up.*

imperātor, ōris, m., *emperor, general, ruler, leader.*

imperītus, a, um, *unskilled, ignorant, without experience.*

imperium, ī, n., *empire, government.*

impero, āre, āvī, atum, *to command, order, govern, rule.*

impetus, ūs, m., *an attack, assault, onset, impulse.*

impius, a, um, *irreverent, ungodly, wicked, impious.*

impōnō, ere, posuī, positum, *to place, put, set or lay into, on, upon,* or *in.*

impotēns, entis, part. adj., *powerless, impotent, weak, feeble, violent, despotic.*

imprimō, ere, pressī, pressum, *to print, mark, impress, press.*

imprūdēns, entis, part. adj., *unexpecting, thoughtless, unconscious, unforeseeing.*

impudens, entis, f., *shamelessness, impudence.*

impūne, adv., *without punishment, safely, with impunity.*

impūnitās, ātis, f., *impunity.*

in, prep., (1) with acc., *into, in;* (2) with abl., *in, within.*

inānis, e, adj, *empty, void, worthless, poor.*

incendium, ī, n., *a burning, fire, conflagration.*

incipiō, ere, cēpī, ceptum, *to begin, commence.*

incitō, āre, *to hasten, urge forward, rush; to incite, arouse, stir up.*

inclīnō, āre, *to bend, bend down, stoop.*

incommodum, ī, n., *an incon-venience, trouble, disadvantage.*

incubō, āre, uī, itum, *to lie in* or *upon, to abide, dwell in.*

inde, adv., *thence, from that place; since, afterwards.*

India, ae, f., *India.*

indoctus, a, um, *untaught, unlearned, ignorant.*

indūcō, ere, dūxī, ductum, *to lead, bring, conduct.*

indulgentia, ae, f., *indulgence, complaisance, tenderness, forbearance.*

īnfāns, fantis, m. or f., *a child, an infant.*

īnfantia, ae, f., *infancy, early childhood.*

īnfēlīx, īcis, adj., *unfortunate, unhappy.*

īnficiō, ere, fēcī, fectum, *to stain, dye, color, tinge.*

īnfīrmitās, ātis, f., *weakness, feebleness, infirmity.*

ingenium, ī, n., (1) *nature, constitution;* (2) *genius, ability, talent, intellect.*

initium, ī, n., *beginning, commencement;* abl. sing. (used adverbially), *in the beginning, at first.*

iniūria, ae, f., *a wrong, a loss, an injury, offence, insult.*

innoxius, a, um, *harmless, blameless, innocent.*

inolēscō, ere, ēvī, itum, *to grow up in,* or *on.*

inopia, ae, f., *want, need, lack, scarcity.*

inquam, defective verb, *to say.*

inquinamentum, ī, n., *corruption, defilement.*

inquinō, āre, *to defile, pollute, corrupt, spoil.*

inquiō, rarer form for inquam. See inquam.

inrogō (irrogō), āvī, ātum, *to impose, inflict, bestow.*

īnscrīptiō, ōnis, f., *an inscription, motto, a title.*

īnsīgnis, e, adj., *remarkable, distinguished, extraordinary.*

īnsolenter, adv., *unusually, proudly, insolently.*

īnstinctus, ūs, m., *an instigation, an impulse.*

īnstinguō, ere, nctum, *to instigate, incite, impel.*

īnstituō, ere, uī, ūtum, *to establish, found, institute, appoint.*

īnstitūtiō, ōnis, f., *custom, manner.*

īnstitūtor, ōris, m., *a builder, a founder, erector, contractor.*

īnstō, āre, stitī, *to stand in or upon; draw nigh, approach; to urge, press on.*

īnstrūmentum, ī, n., *a material, a tool, an implement.*

instruō, ere, ūxī, ūctum, *to build, erect; prepare, teach, instruct, provide, furnish.*

īnsultō, āre, āvī, ātum, *to spring or leap at or upon; to scoff at, abuse, revile, insult.*

intāctus, a, um, *untouched, uninjured, intact.*

intelligō, ere, ēxī, ēctum, *to perceive, discern, comprehend, understand.*

intentō, āre, *to stretch out, extend or direct toward or against.*

inter, prep. with acc., *between, among, amidst, with.*

intercēdō, ere, cessī, cessum, *to go or come between, to intervene.*

interdīcō, ere, dīxī, dictum, *to forbid, prohibit, interdict.*

interdum, adv., *sometimes, occasionally, meanwhile, in the meantime.*

interficiō, ere, fēcī, fectum, *to kill, slay, murder.*

intericiō, ere, iēcī, iectum, *to throw between; to set, place or put between, to intermix.*

interimō, ere, ēmī, ēmptum, *to abolish, destroy; to slay, kill, murder.*

interpellō, āre, *to interrupt, disturb, hinder, molest, stop.*

interpres, etis, m. or f., *negotiator, interpreter, translator.*

interpretor, ārī, ātus, dep., *to explain, expound, interpret.*

interrogātiō, ōnis, f., *a question, an inquiry.*

interrogō, āre, *to ask, question, interrogate.*

intrō, āre, *to go into, to enter.*

intus, adv., *on the inside, within.*

inveniō, īre, vēnī, ventum, *to invent, discover, learn, find out, find.*

investīgō, āre, *to search into, to investigate.*

invictus, a, um, part., *unconquered, invincible, unvanquished.*

invideō, ēre, vīdī, vīsum, *to look at askance, to envy, to grudge.*

invidiōsus, a, um, *envious, invidious, hateful.*

invīsō, ere, sī, *to look after, go to see, to visit.*

invīsus, a, um, *unseen, secret, invisible.*

involūtus, a, um, *involved, intricate, obscure.*

iocus, ī (pl., also **ioca, orum**), m., *a jest, joke.*

Iosēphus, ī, m., *Josephus,* a Jewish historian born at Jerusalem, A.D. 37.

ipse, ipsa, ipsum, dem. pron., *self, very, own.*

īra, ae, f., *anger, wrath, rage, ire.*

Irenaeus, ī, m., *Irenaeus,* a bishop of Lyons.

is, ea, id, dem. pron., *that;* also; *he, she, it.*

Israēlītis, idis, m., *an Israelite.*

iste, a, ud, dem. pron., *that (yonder).*

ita, adv., *in this manner, in this wise, accordingly, so, just.*

itaque, conj., *and so, and thus, therefore, consequently.*

item, adv., *in like manner, likewise, also.*

iter, itineris, n., *a walk, a way, a journey; a march, a route.*

iubeō, ēre, iūssī, iūssum, *to order, bid, tell, command.*

iūcunditās, ātis, f., *pleasure, delight, enjoyment, agreeableness.*

iūcundus, a, um, adj., *pleasant, agreeable, delightful.*

Iūdaeī, ōrum, m. pl., *the Jews.*

Iūdaeus, a, um, *Jewish.*

Iūdās, or **Iuda,** m., indecl., *Judas* (Iscariot).

iūdex, icis, m. or f., *a judge, a decider, an umpire.*

iūdicium, ī, n., *judgment, opinion, trial, investigation.*

iugum, ī, n., *a yoke.*

Iūliānus, ī, m., *Julian,* the Apostate.

Iūlius, ī, m., *July; Jūlius* (Africanus), a historian.

Iūnō, ōnis, f., *Juno,* sister and wife of Jupiter.

Iūpiter, gen. Iovis, m., *Jupiter,* or *Jove,* king of the gods.

iūstitia, ae, f., *justice, equity, uprightness.*

iūstus, a, um, *right, lawful, just.*

Iuvencus, ī, m., *Juvencus,* a Spanish Christian writer of the fourth century.

iuvenis, is, m., *a young man, a youth.*

iūxtā, adv., *nigh, near to, close to, by the side of;* prep. with acc., *near, near to, next to, like, approaching to, just as.*

K

K, *see* C.

L

lacerō, āre, *to tear to pieces, cut, mangle.*

lacessō, ere, īvī, ītum, *to excite, provoke.*

lacryma, ae, f., *a tear.*

Lactantius, ī, m., *Lactantius.*

laedō, ere, sī, sum, *to injure, hurt, offend.*

laetificō, āre, *to cheer, gladden, delight.*

laetitia, ae, f., *joy, gladness, pleasure, delight.*

Laodicinus, a, um, *Laodicene, pertaining to Laodicea.*

Lāomedōn, ontis, m., *Laomedon,* father of Priam.

lapis, idis, m., *a stone.*

latebra, ae, f., *a retreat, a dark place, a hiding place.*

Latiāris, e, adj., *Latiarian.*

Latīnē, adv., *in Latin.*

Latīnus, a, um, adj., *Latin.*

Latium, ī, n., *Latium,* a country of Italy.

laudātus, a, um, part. adj., *esteemed, praiseworthy, excellent.*

laudō, āre, *to praise, commend, extol.*

lēgātārius, a, um, *enjoined by a last will and testament.*

lēgātus, ī, m., *an ambassador, a legate, lieutenant.*

legō, ere, lēgī, lēctum, *to read, to read out, to read aloud; to arrange, choose, select.*

Lēnārius, ī, m., *Lenarius Calpurnius.*

lēnōcinor, ārī, dep., *to pander, flatter, serve, promote.*

Leucothea, ae, f., *Leucothea,* a sea-goddess.

levō, āre, *to make light, relieve, ease; to elevate, build, to raise up.*

lēx, lēgis, f., *a law, precept rule.*

libellus, ī, m., *a little book, pamphlet, a treatise; a petition.*

libenter, adv., *willingly, gladly, freely.*

līber, era, erum, adj., *free, unrestrained.*

Līber, erī, m., an Italian deity, afterward identified with *Bacchus.*

liber, librī, m., *a book, a treatise.*

Līberālia, ium, n., *festival in honor of Bacchus.*

līberī, ōrum, m., *children.*

lībertās, ātis, f., *liberty, freedom, license.*

libet, libēre, libuit, libitum est, impersonal verb, *it pleases;* with dative, *I like, I am pleased.*

licet, licēre, licuit, and licitum est, (1) impers. verb, *it is allowed, it is lawful, permitted;* (2) conj., *although.*

licitus, a, um, *lawful, allowed, permitted.*

līgneus, a, um, *of wood, wooden.*

līgnum, ī, n., *wood;* in plural, *firewood.*

līmen, inis, n., *door, threshold, entrance.*

lingua, ae, f., *the tongue; speech, language; calumny.*

lītera, ae, f., *a letter of the alphabet, a mark, character.*

līterae, arum, *a letter, correspondence, writing; the Scripture.*

līterārius, a, um, *pertaining to reading* or *writing.*

līterātus, a, um, part. adj., *learned, educated, studious.*

locuplēs, e, gen. ētis, adj., *rich, wealthy, sumptuous.*

locus, ī, m., *a place, spot, locality;* loca, ōrum, n. pl., *places connected with one another;* loci, ōrum, m. pl., *separate* or *different places.*

longaeva, ae, f., *old age.*

longaevus, a, um, *of great age, old, aged, ancient.*

longus, a, um, *long.*

loquor, loquī, locūtus, dep., *to speak, talk, say, declare.*

Lūciānus, ī, m., *Lucian,* a presbyter of Antioch.

lūdibrium, ī, n., *mockery, derision, scoff, abuse.*

lūdō, ere, sī, sum, *to play, amuse one's self with, to play games.*

lūdus, ī, m., *a spectacle, show, game, public game.*

luō, ere, luī, *to pay a debt* or *penalty, to suffer* or *undergo punishment.*

Lupercus, ī, m., *Lupercus,* a god who protected the flocks from wolves.

lūsus, ūs, m., *a sport, a play, a game.*

Lȳdus, a, um, *Lydian;* m. as subst., *a Lydian.*

M

macula, ae, f., *a spot, blemish, stain.*

magis, adv., *in a higher degree, more, rather.*

magister, trī, m., *master, superior, director.*

māgnanimus, a, um, *whole-souled, generous, kind.*

Māgnus, ī, m., *Magnus,* a Roman orator.

māgnus, a, um, *large, great, grand.*

māiestās, ātis, f., *majesty, power, dignity.*

māior, us, comparative of magnus.

māiores, um, m. pl., *ancestors, forefathers, elders.*

Malchiōn, ōnis, m., *Malchion,* a presbyter of Antioch.

mālō, mālle, māluī, *to choose rather, wish rather, to prefer.*

malum, ī, n., *an evil, an injury.*

malus, a, um, *evil, wicked, bad.*

Mancīnus, ī, m., *Mancinus,* a Roman proper name.

mandō, āre, *to commission, to order, command.*

maneō, ēre, mānsī, mānsum, *to stay, remain, continue.*

manifēstē, adv., *clearly, evidently, manifestly.*

manifēstus, a, um, *clear, plain, evident, manifest.*

manus, ūs, f., *the hand.* Abl. as adv., manū, *carefully.*

mare, is, n., *the sea.*

Mārs, Mārtis, m., *Mars,* the god of war.

Mārtius, ī, m., *Martius.*

martyrium, ī, n., *martyrdom.*

martyrus, ī, m., *a martyr.*

māter, tris, f., *a mother.*

māteria, ae, f., *material, matter; subject-matter, a topic.*

mathēmaticus, ī, m., *a mathematician, an astrologer.*

mātricīda, ae, m., *a matricide, the murderer of his own mother.*

mātrimōnium, ī, n., *marriage, matrimony;* in plural, *wives.*

Matthia, ae, m., *St. Matthew,* the Apostle.

Maurī, ōrum, m. pl., *the Moors.*

māximē, adv., *in the highest degree, most of all, especially, exceedingly, very.*

Mēdī, ōrum, m. pl., *the Medes.*

medicus, ī, m., *physician, doctor, surgeon.*

medius, a, um, *in the middle, middle, centre.*

Megalēnsis, e, adj., *Megalensian.*

Melicertēs (or **Melicerta**), ae, m., *Melicertes*, a son of Ino.

melior, ius, comp. adj., *better.*

Melitō, ōnis, m., bishop of Sardis.

melius, comp. adv., *better.*

membrum, ī, n., *a limb, a part of the body, shape of the body.*

meminī, isse, *to remember, recall, recollect.*

memoria, ae, f., *memory, recollection.*

Menander, drī, m., *Menander,* a Greek comic poet.

mendāx, ācis, m., *a liar.*

mēns, mentis, f., *the mind, the disposition, the soul.*

mēnsis, is, m., *a month.*

mentior, īrī, ītus sum, dep., *to deceive, speak falsely.*

mercēs, ēdis,·f., *pay, wages, salary.*

meretrīx, īcis, f., *a prostitute, a harlot, a courtesan.*

meritum, ī, n., *a reward, a gift.*

meritus, a, um, *deserved, due, fit, right.*

Messiae, arum, f. pl., *the Messiae,* deities presiding over the harvest.

messis, is, f., *harvest, reaping time.*

mēta, ae, f., *a goal, an end.*

metallum, ī, n., *a metal.*

Methodius, ī, m., *Methodius,* author of the "Symposium."

meticulosus, a, um, *fearful, frightful, terrible.*

metrum, ī, n., *a metre, a measure.*

metus, ūs, m., *fear, dread, anxiety.*

mīles, itis, m., *a soldier.*

mīlitia, ae, f., *military service, warfare, war.*

mīlitō, āre, āvī, ātum, *to be a soldier, perform military service, to fight.*

mīlle, pl. **milia,** card. num., *a thousand.*

Miltiades, is, m., *Miltiades,* a Christian writer of the reign of Commodus.

ministerium, ī, n., *the office of a ministry, service, ministry.*

minor, us (compar. of **parvus**), *less, smaller, younger.*

Minūtius, ī, m., *Minutius Felix.*

mīrābilis, e, adj.,·*wonderful, marvellous, strange.*

mīrāculum, ī, n., *a miracle, a wonder, a marvel.*

mīrus, a, um, adj., *admirable, wonderful.*

mīsceō, ēre, mīscuī, mīxtus, *to mix, mingle, blend.*

miser, era, erum, *wretched, unfortunate, miserable.*

miserābilis, e, adj., *pitiable, deplorable, wretched.*

misericordia, ae, f., *pity, compassion, mercy.*

mītēscō, ere, *to grow ripe, become soft, gentle, calm.*

mittō, ere, mīsī, missum, *to let go, send, despatch; yield, furnish, export.*

modicē, adv., *meanly, moderately, modestly.*

modicus, a, um, *moderate, small, little.*

modo, adv., *but only, merely, solely.*

modus, ī, m., *measure, manner.*

moenia, um, n. pl., *walls, towns, ramparts.*

moereō, ēre, *to be sad or mournful, to mourn, grieve, lament.*

Moesia, ae, f., *Moesia*, a country near Thrace.

monitum, ī, n., *admonition, advice, warning.*

monumentum, ī, n., *a monument, memorial.*

mordeō, ēre, momordī, morsum, *to bite, attack, assail.*

moriēns, entis, part., *dying.*

morior, morī, mortuus sum, dep., *to die, perish, decay, pass away.*

mors, mortis, f., *death.*

mortuus, a, um, *dead;* m. as subst., *a dead man or person.*

mōs, mōris, m., *manner, custom, conduct.*

Mōsēs or Moysēs, is, m., *Moses.*

moveō, ēre, mōvī, mōtum, *to move, stir up, set in motion, arouse, excite.*

mox, adv., *soon, presently, by and by.*

mūcrō, ōnis, m., *a sharp point, a blade, a sword.*

mulier, eris, f., *woman.*

multitūdō, inis, f., *a multitude, a crowd.*

multō, adv., *much, by much, by far, a great deal.*

multus, a, um, *much, many.*

mūnicipālis, e, adj., *municipal.*

mūrus, ī, m., *a wall.*

mūtō, āre, āvī, ātum, *to move, alter, change.*

mūtuor, ārī, dep., *to borrow, take.*

mūtuus, a, um, *borrowed, lent; reciprocal, mutual.*

Myrtia, ae, f., *Myrtia*, an epithet of Venus.

mystērium, ī, n., *a mystery, a secret thing, a divine mystery.*

N

nam, causal or explanatory conj., *for, for example, thus, inasmuch as.*

nārrātiō, ōnis, f., *a narration, a narrative.*

narrō, āre, *to tell, narrate, relate;* *to say, affirm, assert.*

nāscor, ī, nātus sum, dep., *to be born, be begotten.*

nātālis, is, m., *a birthday.*

nātiō, ōnis, f., *a nation, a people.*

nātūra, ae, f., *nature, natural disposition, inclination, habit.*

nāvigō, āre, *to sail, set sail, navigate.*

nē, conj., enclitic, as an interrogative particle, *not, that not, lest.*

nec, adj. and conj., *and not, also not, nor.*

necessārius, a, um, *necessary, unavoidable, indispensable.*

necessitās, ātis, f., *necessity, fate, destiny.*

necō, āre, *to kill, slay, put to death, destroy.*

nefārius, a, um, *impious, abominable, heinous.*

negō, āre, *to say no, deny, refuse.*

negōtium, ī, n., *work, occupation, affair, business.*

nēmō, inis, m. or f., *no one, nobody.*

Neptūnālis, e, adj., *Neptunalian, pertaining to Neptune.*

Neptūnus, ī, m., *Neptune,* a god of the sea, brother of Jupiter.

neque, adv. and conj., *and not;* **neque ... neque,** *neither ... nor.*

Nerō, ōnis, m., *Nero,* a Roman surname.

Nerōniānus, a, um, *Neronian, tyrannical.*

nesciō, īre, īvī, *not to know, be ignorant of, be ignorant.*

nihil, n., indecl., *nothing.*

nimium, adv., *too much, too, very.*

nisi, conj., *if not, unless, except.*

nōbilis, e, adj., *well known, noted, renowned, distinguished.*

nocēns, entis, part., *injurious, bad, wicked;* m. as subst., *a guilty man, a criminal.*

nōmen, inis, n., *a name.*

nōn, negative adv., *not, no.*

Nōnae, ārum, f. pl., *the nones,* the ninth day before the ides of a month.

nōndum, adv., *not yet.*

nōnne, interrog. adv., (1) in direct question, *not* (expects affirmative answer) ; (2) in indirect question, *if not, whether not.*

nōnnūllus, a, um, *some, several.*

nōs, nostrum, pl. of **ego,** *we, us.*

nōscō, ēre, nōvī, nōtum, *to learn, find out, know.*

noster, nostra, nostrum, pron. adj., *our, our own, ours.*

notō, āre, *to mark, to distinguish by a mark, to stamp.*

nōtus, a, um, *known, well-known, famous.*

novus, a, um, *new, young, fresh, recent, unprecedented.*

nūbēs, is, f., *a cloud, a cloud of dust.*

nūbilum, ī, n., *a cloud, cloudy sky, cloudy weather.*

nūdus, a, um, *naked, bare, uncovered, exposed.*

nūllus, a, um, *no, not any, none.*

num (or **numquid**), adv., interrog. part. used when a negative answer is expected. In indirect question, *whether.*

Numa, ae, m., *Numa,* a Roman proper name.

nūmen, inis, n., *divine will, a divinity, a god, a goddess, a deity.*

Nūmenius, ī, m., *Numenius,* a neo-platonic and Pythagorean philosopher.

numerō, āre, *to count, reckon, number.*

numerus, ī, m., *a number, a quantity.*

nummus or **nūmus, ī,** m., *a coin, piece of money, money.*

numquid, see **num.**

nunc, adv., *now, at present, at this time.*

nunquam, adv., *at no time, never.*

nūper, adv., *lately, recently, not long ago.*

nūptiae, ārum, f. pl., *nuptials, marriage, wedding.*

nūsquam, adv., *nowhere, in no place.*

nūtrīx, īcis, f., *a nurse, a guardian.*

O

Ō, interj., expressing surprise or emotion, *O! oh!*

ob, prep. with acc., *on account of, for, with regard to; therefore, because.*

obeliscus, ī, m., *an obelisk.*

oblīvīscor, ī, lītus sum, dep., *to forget.*

obscūrus, a, um, *dark, shady, unintelligible.*

obsecrō, āre, *to beseech, entreat, implore.*

obsideō, ēre, sēdī, sessum, *to sit, remain; besiege, invest, blockade.*

obtineō, ēre, tinuī, tentum, *to obtain, possess, have, hold.*

obveniō, īre, vēnī, ventum, *to come, to join; to happen to.*

occidēns, entis (part. of **occido**), adj., *falling, going down;* as subst., *the west, the place where the sun goes down.*

occīdō, ere, cīdī, cīsum, *to strike down, kill, slay, to torture.*

Octāvius, ī, m., *Octavius,* an apologistic dialogue.

octō, card. num., *eight.*

oculus, ī, m., *the eye.*

ōdī, ōdisse (used only in the perfect tenses, but with an imperfect signification), *to hate, to dislike.*

odiōsus, a, um, *odious, hateful, annoying.*

Oeta, ae, f., the mountain range between Thessaly and Aetolia.

offerō, ferre, obtulī, oblatum, *to bring before, present, offer.*

officium, ī, n., *service, duty, office.*

ōlim, adv., *formally, once upon a time, once.*

omittō, ere, mīsī, missum, *to let go, let loose, let fall, neglect.*

omnīnō, adv., *altogether, wholly, entirely.*

omnis, e, adj., *all, every.*

onerōsus, a, um, *burdensome, oppressive.*

onus, eris, n., *a load, a burden, a weight.*

opīniō, ōnis, f., *opinion, supposition, belief.*

oportet, ēre, oportuit, impers., *it is necessary, proper, right.*

optātus, a, um, *wished, desired, pleasing.*

optō, āre, *to wish, wish for, desire.*

opus, eris, n., *work, labor, toil.*

opusculum, ī, n. (dim.), *a little work; treatise, pamphlet.*

ōrātiō, ōnis, f., *a speech, a prayer, supplication.*

ōrātor, ōris, f., m., *a speaker, an orator.*

orbis, is, m., *surface, orbit, circle, the earth, the world.*

oriēns, entis (part. of **orior**), adj., *rising;* m. as subst., *the orient, the east.*

Origen, inis, m., *Origen.*

orīgō, inis, f., *origin, birth, source, beginning.*

orior, īrī, ortus sum, dep., *to rise, become visible.*

ōrnāmentum, ī, n., *an equipment, an ornament, a decoration.*

ōs, ōris, n., *the mouth, lip, tongue.*

ostendō, ere, dī, tum, *to show, set forth, exhibit, display.*

ostentus, ūs, m., *a display, a sight, a spectacle.*

ōtium, ī, n., *ease, leisure, inactivity, idleness.*

ōvum, ī, n., *an egg.*

P

pābulum, ī, n., *food, fodder, nourishment.*

pactum, ī, n., *an agreement, contract, treaty, compact.*

pactus, a, um, *agreeable, agreed upon, contracted.*

Pallor, ōris, m., *Pallor* or *Paleness*, the god of Fear.

Pamphilus, ī, m., *Pamphilus*, founder of the famous library at Caesarea.

pandō, ere, pandī, passum, *to spread out, extend; to unfold.*

Pantaenus, ī, m, *Pantaenus*, a Stoic philosopher, converted to Christianity.

parabola, ae, f., *an allegory, a parable.*

parātus, a, um, part. adj., *prepared, ready, fitted.*

parēns, entis, m. or f., *a parent, a father, a mother.*

parentō, āre, *to pay funeral honors, to offer solemn sacrifice in honor of deceased relatives.*

pāreō, ēre, uī, *to appear, be visible, come forth.*

pariēs, etis, m., *a wall* (of plaster), hence also, *plaster.*

pariō, ere, peperī, partum or **paritum**, *to bring forth, bear, give birth to.*

pariter, adv., *equally, in the middle, midway, in an equal degree.*

parricīda, ae, m., *a parricide, a murderer of a near kinsman.*

pars, partis, f., *side, part, piece, portion.*

Parthicus, a, um, *Parthian.*

parturiō, īre, īvī, *to be in labor; to bring forth, produce.*

partus, ūs, m., *a bearing, a bringing forth, a birth.*

parum, adv., *too little, not enough, not sufficient.*

pāscō, ere, pāvī, pāstum, *to feed, pasture, tend; drive to pasture.*

pater, tris, m., *father, sire.*

patior, patī, passus sum, dep., *to suffer, bear, allow, permit.*

paucus, a, um, *few, little, brief.*

paulus, a, um, *little, small;* abl. sing. with comparatives, *by a little, a little, somewhat.*

Paulus, ī, m., *Paul* or *Paulus*, a Roman surname.

pavidus, a, um, *alarmed, frightened, terrified.*

Pavor, ōris, m., *Pavor, Fear*, the god of Fear.

pāx, pācis, f., *peace, tranquillity.*

peccātum, ī, n., *a fault, an error, a transgression, sin.*

peccō, āre, *to sin, mistake, err, go wrong.*

pecus, pecoris, n., *a herd, a flock; cattle.*

pecus, udis, f., *a single head of cattle, a beast; a brute, an animal.*

pedagōgus (paedagōgus), ī, m., *a teacher, a tutor; the Pedagogue of Clement of Alexandria.*

pēierō (periūrō), āre, *to perjure one's self, to swear falsely, to lie.*

pellis, is, f., *the skin, a hide.*

Penātēs, ium, m., *the Penates, the household gods; a dwelling, a hearth.*

pendeō, ēre, pependi, *to hang, hang down, be suspended.*

penes, prep. with acc., *with, among, in the presence of, in the hands of.*

penetrō, āre, *to put, place or set into; to make one's way into, to penetrate, enter.*

penitus, adv., *inwardly, internally; completely, wholly, entirely.*

pēnulātus (paenulātus), a, um, *wearing a penula, gowned, in travelling dress.*

per, prep. with acc., *through, for, by, during, in.*

percutiō, ere, cussī, cussum, *to strike, hit, pierce, stamp.*

perdīscō, ere, didicī, *to learn thoroughly, get by heart.*

perditus, a, um, part., *hopeless, ruined, lost, abandoned.*

perdō, ere, didī, ditum, *to root out, do away with, ruin, destroy; lose irrecoverably.*

peregrīnus, a, um, *strange, foreign.*

perficiō, ere, fēcī, fectum, *to finish, perform, accomplish, perfect.*

perfidia, ae, f., *unbelief, dishonesty, treachery, perfidy.*

perfodiō, ere, fōdī, fossum, *to dig, pierce or thrust through, transfix.*

perīclitor, āri, ātus sum, dep., *to endanger, risk, to be exposed to.*

perīculum, ī, n., *danger, risk, peril.*

perītus, a, um, *skilled, practised, experienced.*

Persae, ārum, m., *the Persians.*

persecūtiō, ōnis, f., *a pursuit, persecution.*

persecūtor, oris, m., *a persecutor* (of the Christians).

persequor, quī, secūtus sum, dep., *to follow, pursue, persecute.*

perstringō, ere, nxī, nctum, *to bind or tie tightly; to blind, dazzle; to blame, censure; to touch slightly.*

persuādeō, ēre, suasī, suāsum, *to convince, persuade.*

pertimēscō, ere, muī, *to become very much frightened, to fear greatly, shrink from.*

pertineō, ere, uī, *to belong to, be related to, to pertain to.*

perveniō, īre, vēnī, ventum, *to come to, arrive, reach; to appertain to.*

pervicācia, ae, f., *stubbornness, obstinacy, perversity.*

pēs, pedis, m., *a foot.*

pessimus, a, um (super. of malus), *worst, very bad, very evil, most wicked.*

pestifer (rarely pestiferus), era, erum, *pestilential, destructive, deadly.*

petō, ere, īvī or iī, ītum, *to seek, obtain, derive, beg.*

Petrus, ī, m., *Peter.*

phalerātus, a, um, *decorated, ornamented, glittering.*

Philō, ōnis, m., *Philo.*

philosophia, ae, f., *philosophy.*

philosophus, ī, m., *a philosopher, logician.*

Pīcus, ī, m., *Picus,* a son of Saturn.

Pīerius, ī, m., *Pierius.*

pietās, ātis, f., *piety, duty, affection, love.*

piger, gra, grum, *slow, indolent, lazy, sluggish.*

Pīlumnus, ī, m., *Pilumnus,* a god of the Latins.

pilus, ī, m., *a hair.*

pingō, ere, pinxī, pictum, *to paint, represent.*

Pīsō, ōnis, m., *Piso.*

pius, a, um, *pious, honest.*

Pius, ī, m., *Pius.*

placeō, ēre, uī, citum, *to please, to satisfy.*

plācidus, a, um, *still, calm, peaceful, placid.*

placitus, a, um, *pleasing, agreeable.*

plācō, āre, *to appease, to reconcile.*

plāga, ae, f., *a blow, punishment, wound, a plague.*

plānē, adv., *clearly, plainly, distinctly.*

platea, ae, f., *a street, a broad way.*

Platō, ōnis, m., *Plato,* a celebrated Athenian philosopher.

plaustrum, ī, n., *a wagon, a carriage.*

plēnus, a, um, *full, filled up, abundant, rich.*

plūrimus, a, um, *most, very many.*

plūs, plūris (comp. of multus), *more, a greater part.*

poena, ae, f., *penalty, punishment, torment, pain.*

poenālis, e, adj., *painful, oppressive, burdensome.*

poeniteō, ēre, uī, *to cause to repent, to displease, to be sorry, to repent;* used impersonally, *to cause sorrow, remorse, repentance;* with dat., *I repent, mourn.*

poenitūdō, inis, f., *penance, punishment, satisfaction.*

Poenus, a, um, *Punic, Carthaginian;* m. as subst., *a Carthaginian.*

poēta, ae, m., *a maker, a poet.*

poēticus, a, um, *poetical, poetic.*

pollēns, entis, part. adj., *strong, able, powerful, renowned.*

polliceor, ērī, icitus sum, dep., *to proffer, promise, pledge.*

polluō, ere, uī, ūtum, *to soil, defile, pollute.*

pompa, ae, f., *parade, display, pomp.*

pompātus, a, um, *pompous, ostentatious.*

Pompilius, ī, m., *Pompilius.*

pōnō, ere, posuī, positum, *to put, place, set; to use; to set forth, explain, relate.*

pontifex, icis, m., *a pontiff, high priest, bishop.*

pōpulus, ī, m., *a people, the people.*

Porphyrius, ī, m., *Porphyry, a neoplatonist writer.*

porrigō, ere, rēxī, rēctum, *to spread out, to extend.*

portentum, ī, *a monster, a demon, an omen.*

pōscō, ere, popōscī, *to demand, beg, request, desire.*

possideō, ēre, sēdī, sessum, *to have, possess, occupy.*

possum, posse, potuī, *can, to be able.*

post, adv., and prep. with acc., *afterwards; after, behind.*

posteā, adv., *after this, after that, afterwards.*

posteritās, ātis, f., *posterity, futurity, future time.*

posterus, a, um, *coming, following, future;* m. plural as subst., *posterity, descendants.*

postmodum, adv., *afterwards, presently, shortly, subsequently.*

postquam, conj., *after that, as soon, as when.*

potēns, entis, part. adj., *able, mighty, powerful;* m. as subst., *a god, a ruler.*

potentia, ae, f., *might, force, power, ability.*

potestās, ātis, f., *power, force, ability, authority.*

Pothīnus, ī, m., *Pothinus,* a martyred bishop of Lyons in the time of Marcus Aurelius.

potior, ius, comp. adj., *more powerful, better, preferable,*

potissimē or **potissimum,** adv. sup., *chiefly, principally, above all, most of all.*

potius, adv., *rather, preferably, more.*

praebeō, ēre, uī, itum, *to present, offer; permit, allow.*

praecēdō, ere, cessī, cessum, *to precede, go before.*

praeceps, cipitis, adj., *swift, headlong, hasty, headstrong.*

praeceptum, ī, n., *a rule, a precept, command.*

praecipitō, āre, *to precipitate, to throw down, to hurl down.*

praecursor, ōris, m., *a fore-runner, a precursor.*

praedicātiō, ōnis, f., *a public proclamation, publication, preaching.*

praedicō, āre, āvī, ātum, *to preach, publish, proclaim.*

praefectus, ī, m., *prefect, over-seer; director, commander.*

praeferō, ferre, tulī, lātum, *to carry before, show, display.*

praemium, ī, n., *reward, profit, gain, advantage.*

praepōnō, ere, posuī, positum, *to put or set before, to place first, prefer.*

praescrīptiō, ōnis, f., *precept, order, law, proscription.*

praesideō, ēre, sedī, *to preside over, to direct, to command.*

praestigium, ī, n., *a trick, a delusion, an illusion.*

praesul, ulis, m., *prefect, guard, protector.*

praetereā, adv., *besides, more-over, henceforth.*

praeteritus, a, um, *gone by, past, departed;* n. plural as subst., *things past or gone by, the past.*

praeveniō, īre, vēnī, ventum, *to anticipate, come before; go before, prevent.*

praevius, a, um, *going before, leading the way, previous, beforehand.*

prāvus, a, um, *crooked, dis-torted, wrong, mistaken.*

presbyter, erī, m., *a presby-ter, a priest.*

pretiōsus, a, um, *costly, valu-able, precious.*

pretium, ī, n., *price, worth, value; wages, reward.*

prex, ēcis, f., *a prayer, re-quest, entreaty.*

prīma, ōrum, n. pl., *the begin-ning, the first part.*

prīmōrdium, ī, n., *beginning, origin, commencement.*

prīmus, a, um, *first, fore-most.*

prīnceps, ipis, m., *emperor, prince, ruler, leader.*

prīncipālis, e, adj., *principal, first; princely, imperial.*

prīncipāliter, adv., *princi-pally, chiefly.*

prīncipātus, ūs, m., *the first place, preference, preëmi-nence.*

prīncipium, ī, n., *beginning, commencement, origin.*

prior, prius, ōris, compar. adj., *former, previous, prior.*

prīstinus, a, um, *former, early, primitive.*

prīvātus, a, um, *private, private citizen.*

prō, prep. with abl., *before; in proportion to; according to; in behalf of, for.*

probō, āre, *to try, test, judge of; to approve, consent to; to prove, show, demonstrate.*

probus, a, um, *upright, virtuous, honorable.*

prōcēdō, ere, **cessī**, *to proceed, go forward; to advance, to extend; to happen.*

procella, ae, f., *a violent wind, hurricane, whirlwind.*

procul, adv., *at a distance, a great way off, far away, remote.*

Proculus, ī, m., *Proculus, a Roman surname.*

prōditor, ōris, m., *a betrayer, a traitor.*

prōdō, ere, **didī, ditum**, *to put* or *bring out, show, exhibit; to betray, reveal, publish, report.*

proelium, ī, n., *a battle, a combat.*

prōferō, **ferre**, **tulī, lātum**, *to bring* or *carry out, bring forth, bring forward.*

prōficiō, ere, **fēcī, fectum**, *to finish, perform, accomplish, perfect.*

prōflīgātus, a, um, *overcome, oppressed, destroyed.*

profugus, a, um, *fugitive, wandering, exile;* m. as subst., *an exile, a fugitive.*

profūndō, ere, **fūdī, fūsum**, *to pour forth; pour out; speak, utter.*

proinde, adv., *just so, in like manner; hence, therefore, for the same reason.*

prōmīscuē, adv., *in common, commonly, generally, indiscriminately.*

prōmittō, ere, **mīsī, missum**, *to let go forward, to send forward; to assure, promise, vow; to neglect.*

prōnūntiō, āre, *to proclaim, announce.*

prophēta, ae, m., *one who predicts, a prophet.*

propīnō, āre, *to drink to a person's health; to give, deliver.*

prōpōnō, ere, **posuī, positum**, *to put* or *place before, to set before, to propose, offer.*

prōpositiō, ōnis, f., *a proposing, intention, a proposition.*

prōpositum, ī, n., *a plan, a design.*

propriē, adv., *properly, especially.*

proprius, a, um, *proper, peculiar to a person, one's own, own.*

propterĕā, adv., *therefore, for that reason, on that account.*

prōrsus, adv., *forward, far ahead, straight on, straightway, far.*

prōsa, ae, f., *prose.*

prōscrībō, ere, scrīpsī, scrīptum, *to publish in writing, to announce publicly; to proscribe, to outlaw.*

prōsiliō, īre, uī (less freq. **ivī,** or **iī**), *to spring forth, burst forth, start out.*

prōsperitās, ātis, f., *good fortune, success, prosperity.*

prōstituō, ere, uī, ūtum, *to place before* or *in front, to expose.*

prōsum, prōdesse, profuī, *to be of use, to be useful to, to do good, benefit, profit.*

prōtinus, adv., *directly, immediately, at once.*

prōvectus, a, um, part. adj., *advanced, raised, elevated.*

prōveniō, īre, vēnī, ventum, *to come forth, appear, happen.*

prōverbium, ī, n., *an adage, a proverb.*

prōvideō, ēre, vīdī, vīsum, *to look out for, provide for, look after, care for.*

prōvidus, a, um, *foreseeing, cautious, prudent.*

prōvincia, ae, f., *a province, a command.*

prūdentia, ae, f., *forethought, prudence, judgment.*

pūblicē, adv., *publicly, commonly.* [mon.

pūblicus, a, um, *public, com-*

pudendus, a, um, *shameful, disgraceful, abominable.*

pudeō, ēre, uī, or **puditum est,** *to make* or *be ashamed;* impers. with dat., *it causes shame to, I am ashamed.*

pudor, ōris, m., *shame, disgrace, ignominy.*

puer, erī, m., *a boy.*

puerulus, ī, m., *a little boy, a little slave.*

pugnō, āre, *to fight, contend, struggle.*

pulchritūdō, inis, f., *beauty, excellence.*

pullus, ī, m. (a young animal), *a chicken, a sacred chicken.*

pulvis, eris, m., *dust, sand, earth.*

pūtidus, a, um, *rotting, decaying, foul, disgusting.*

putō, āre, *to think, consider, believe.*

Q

quadrāgintā, ae, a, ord. num., *forty.*

quaerō, ere, sīvī, sītum, *to seek, search for; to get, obtain; to ask, beg, inquire.*

quaestō, ere, *to beg, ask, pray, beseech.*

quaestus, ūs, m., *a search, gain, profit, contribution; an advantage.*

quālis, e, adj., pron. correl. to **talis**, *of what sort, kind, or nature.*

quāliscumque, qualecumque, adj., *of whatsoever quality, kind, or sort.*

quālitās, ātis, f., *quality, property, state, condition.*

quam, adv. of comparison, *than, as.*

quamquam (or quanquam), conj., *though, although, yet.*

quamvīs, adv. and conj., *ever so much, although.*

quamdiu, adv., *as long as, until;* interrog., *how long?*

quandō, (1) adv., *at what time, when, whenever;* (2) conj., *since, because.*

quanquam, see quamquam.

quantus, a, um, adj., *what, how great, how much;* with correl. as **tantus**, *as, such as.*

quasi, adv., *as if, just as if.*

quātenus, adv., *how far, to what extent, how,*

quātuor, card. num., *four.*

quemadmodum, (1) interrog. adv., *how, in what manner?* (2) rel. adv., *as, just as.*

querēla, ae, f., *a complaining, a complaint.*

questus, ūs, m., *a complaint.*

quī, quae, quod, rel. and interrog. pron., *who, which, what.*

quia, conj., *because.*

quīdam, quaedam, quoddam, indef. pron., *certain, a certain one, somebody.*

quidem, adv., *indeed, certainly, in truth.*

Quīntiliānus, ī, m., *Quintilian.*

Quirīnālis, e, adj., *of Romulus.*

quis, quae, quid, pron., interrog., *who? which? what?* indef., *any one, anything.*

quīvīs, quaevīs, quodvīs and quidvīs, indef. pron., *who or what you please, any whatever, any, every.*

quō, adv., *whither, to what place, why.*

quod, conj., *that, because.*

quōmodo, adv., *in what manner, in what way, how.*

quoque, conj., *also, too.*

quot, indecl. adj., *how many, all, every.*

quotīdiē, adv., *daily, every day.*

quoūsque, adv., *until what time, till when, how long.*

quum (also cum), *when.*

R

rabidus, a, um, *rabid, mad, savage.*

rapiō, ere, puī, ptum, *to carry off, steal, rob.*

raptus, ūs, m., *a carrying off by force, rape, abduction.*

ratiō, ōnis, f., *reasoning, principle, manner, method.*

reātus, ūs, m., *guilt, impeachment; conviction.*

recēdō, ere, cessī, cessum, *to go back, retire, recede, fall back, fall away.*

recipiō, ere, cēpī, ceptum, *to take back, receive again, recover.*

recōgnōscō, ere, gnōvī, gnitum, *to recollect, observe, recognize.*

recordātiō, ōnis, f., *a recalling to mind, a recollection, a remembrance.*

recordor, ārī, dep., *to think over, to remember, to recollect.*

reddō, ere, didī, ditum, *to put back, give back, return.*

redeō, īre, iī, itum, *to go back, return, recur.*

referō, ferre, rettulī, relātum, *to carry, bring, draw, or put back;* hence, *to reply, answer, ask, petition.*

refulgeō, ēre, sī, *to shine forth, glitter, reflect.*

rēgālis, e, adj., *kingly, royal, regal.*

regimen, inis, n., *a rudder; a guiding, a government.*

rēgnō, āre, āvī, ātum, *to rule, reign, hold sway.*

rēgnum, ī, n., *a kingdom.*

regō, ere, rēxī, rēctum, *to guide, govern, to rule.*

Rēgulus, ī, m., *Regulus.*

relātiō, ōnis, f., (1) *a motion, a proposal, a report;* (2) (St. Ambrose) the Memorial of Symmachus.

religiō, ōnis, f., *religion, piety, religious obligation, religious custom, solemnity.*

relinquō, ere, līquī, līctum, *to leave behind, leave, move away from.*

reliquiae, ārum, f. pl., *the remainder, leavings, remnants, fragments.*

reliquus, a, um, *rest, remaining.*

removeō, ēre, mōvī, mōtum, *to move or draw back; to repulse; to remove, take away.*

renītor, nitī, dep., *to withstand, oppose, resist.*

renūntiātiō, ōnis, f., *renouncement, declaration.*

renūntiō, āre, *to retract, revoke, renounce.*

reor, rērī, ratus sum, dep., *to think, suppose, imagine.*

repellō, ere, reppulī, repulsum, *to drive or push back, to reject, repel.*

repēns, entis, adj., *sudden, hasty, unexpected.*

repente, adv., *suddenly, unexpectedly.*

reperiō, īre, repperī (reperī), repertum, *to find, discover, ascertain.*

repetō, ere, īvī, ītum, *to go back, recall, to seek again.*

repleō, ēre, ēvī, ētum, *to fill again, fill up, replenish.*

reportō, āre, āvī, ātum, *to carry* or *bring back, to return; to rumor, report.*

repōscō, ere, *to demand back, ask for again.*

reprehēnsiō, ōnis, f., *reprimand, censure, condemnation.*

requīrō, ere, sīvī, sītum, *to seek again, look after, ask for.*

rēs, reī, f., *a thing, matter, an object, a being.*

resarciō, īre, sartum, *to patch, to interweave, to restore.*

rescindō, ere, scidī, scissum, *to break down; to annul, abrogate, repeal, rescind.*

reservō, āre, āvī, ātum, *to reserve, keep, preserve.*

respergō, ere, sī, sum, *to sprinkle over, to wet.*

respiciō, ere, exī, ctum, *to look at, look back at, consider.*

respondeō, ēre, dī, sum, *to promise, answer, reply, respond.*

respōnsum, ī, n., *an answer, a reply, a response.*

restituō, ere, ūī, ūtum, *to set up again, restore, reëstablish.*

restringō, ere, ctum, *to bind fast, bind to, restrain.*

resultō, āre, ātum, *to spring back, rebound; to resound, reëcho.*

resurgō, ere, surrēxī, surrēctum, *to raise one's self, to rise; to appear again.*

resurrēctiō, ōnis, f., *a raising one's self, a getting up; a resurrection.*

retractō, āre, āvī, ātum, *to reconsider, discuss again, revise.*

reverentia, ae, f., *respect, regard, reverence.*

revocō, āre, āvī, ātum, *to call back, recall.*

rēx, rēgis, m., *a king.*

rhētor, oris, m., *a teacher of oratory* or *of rhetoric, a rhetorician.*

rīdeō, ēre, risī, risum, *to laugh, laugh at, ridicule.*

rītus, ūs, m., *a religious custom, ceremony, rite.*

rīvulus, ī, m., *a small brook, a rivulet.*

Rōbīgō, inis, m., *Rubigo.*

rogō, āre, āvī, ātum, *to question, ask, interrogate.*

Rōma, ae, f., *Rome.*

Rōmānus, a, um, *Roman;* m. as subst., *a Roman.*

Rōmulus, ī, m., *Romulus.*

Rufīnus, ī, m., *Rufinus.*

ruīna, ae, f., *a tumbling down, a fall, a ruin.*

rumpō, ere, rūpī, ruptum, *to burst, tear, break.*

rūpēs, is, f., *a rock, a stone.*

ruptus, a, um, *broken, violated, ruptured.*

rūrsus, or rursum, adv., *again, anew, back again.*

rūsticitās, ātis, f., *country manners, rustic behavior, rudeness.*

rūsticus, a, um, *rustic, rural;* m. as subst., *a countryman, a peasant, farmer.*

S

Sabīnus, a, um, *Sabine;* as subst., *a Sabine.*

sacer, sacra, sacrum, adj., *holy, sacred.*

sacerdos, ōtis, m., *a priest, a priestess.*

sacerdōtium, ī, n., *the priesthood.*

sacrificātor, ōris, *a sacrificer, a worshipper.*

sacrificium, ī, n., *a sacrifice.*

sacrificō, āre, āvī, ātum, *to offer sacrifice, to sacrifice.*

sacrilegium, ī, n., *a sacrilege.*

sacrilegus, a, um, *sacrilegious.*

sacrum, ī, n., *a holy* or *sacred thing, a religious act* or *rite.*

saevus, a, um, *fierce, cruel, barbarous.*

salārium, ī, n., *pension, salary, stipend.*

Sallustius, ī, m., *C. Sallustius Crispus,* a celebrated Roman historian.

Salomōn, onis, m., *Solomon.*

salūbris, e, adj., *healthful, salubrious, salutary.*

salūs, ūtis, f., *salvation, deliverance, safety.*

Salvātor, oris, m., *the Saviour.*

Samius, a, um, *Samian.*

Samothrāces, ium, m. pl., *the inhabitants of Samothrace.*

sānctus, a, um, *pure, holy, sacred.*

sanguis, inis, m., *blood.*

sapiēns, entis, part. adj., *wise, sensible, well advised;* as a subst., *a wise* or *sensible man.*

sapīentia, ae, f., *wisdom, discretion, prudence.*

Sapōrēs, is, m., *Sapores,* a king of the Persians.

Sardēnsis, e, adj., *Sardis, Sardian.*

Satanas, ae, m., *Satan, an adversary, the Devil.*

satis, indecl. adj., *enough, sufficient, satisfactory.*

Sāturnus, ī, m., *Saturn,* the god of civilization.

saxum, ī, n., *a rock, a stone.*

scelerātus, ī, m., *a profligate, a bad* or *wicked person.*

scelus, eris, n., *crime, a wicked deed, wickedness.*

schola, ae, f., *a school, a sect.*

scientia, ae, f., *knowledge, science, skill.*

scīlicet, adv., *it is known, it is understood; of course.*

sciō, īre, īvī, ītum, *to learn, understand, know.*

scrībō, ere, scrīpsī, scrīptum, *to write.*

scrīptor, ōris, m., *a writer, a scribe, an author.*

scrīptum, ī, n., *a written law, an order, an edict.*

scrīptūra, ae, f., *a writing, an inscription.*

scrīptus, a, um, part. adj., *written, composed; drawn.*

Scythopolīta, ae, f., *Scythopolis.*

sēcernō, ere, crēvī, crētum, *to separate, hide, conceal.*

sēcrētior, ius, adj., *more secret, more obscure, more concealed.*

sēcrētum, ī, n., *a mystery, a secret.*

sēcrētus, a, um, *separate, apart, private, secret.*

secta, ae, f., *a school or sect of philosophy.*

sēcularis (saecularis), e, adj., *pertaining to age, secular.*

sēculum, ī, n., *race, generation; hence, world.*

secundum, adv. and prep. with acc., *after, behind; after, according to.*

sēcūrus, a, um, *secure, safe, quiet.*

sed, conj., *but.*

sēdēs, is, f., *a seat, a chair.*

sēdō, āre, āvī, ātum, *to settle, appease, check, stop.*

sēmentātiō, ōnis, f., *the sowing of the seed, a sowing.*

semper, adv., *ever, always, at all times.*

sempiternus, a, um, *everlasting, perpetual, eternal.*

sēnārius, ī, m., *a line, a verse of six feet.*

senātor, oris, m., *a senator.*

senātus, ūs, m., *the senate, a council.*

senectūs, ūtis, f. (used only in sing.), *old age.*

senēscō, ere, uī, *to grow old, to become aged.*

Senones, um, m. pl., *the Senones,* a very powerful and warlike people of Gaul.

sēnsus, ūs, m., *the faculty of feeling, of perception, a sense.*

sententia, ae, f., *opinion, decision, sentiment.*

sentiō, īre, sēnsī, sēnsum, *to perceive by the senses, to see, hear, feel, suffer, etc., to discern.*

septem, card. num., *seven.*

September, bris, m., the month *September.*

sepulchrum, ī, n., *a grave, a tomb, a sepulchre.*

sepultūra, ae, f., *a burial, an interment, a sepulture.*

sequor, quī, secūtus, dep., *to follow, come or go after, succeed.*

Serapeum, ī, m., *Serapis,* an Egyptian divinity.

Serapiō, ōnis, m., *Serapion,* an Egyptian bishop.

serēnus, a, um, *clear, bright, fair, serene.*

sērus, a, um, adj., *late, too late.*

servitūs, ūtis, f., *slavery, serfdom, servitude.*

servō, āre, āvī, ātum, *to save, preserve, keep, watch.*

servus, ī, m., *a servant, slave.*

Sessiae, arum, f. pl., *the Sessiae,* deities presiding over the sowings.

sevēritās, ātis, f., *severity, sternness.*

sī, conj., *if.*

Sibylla, ae, f., *the Sibyl.*

sīc, adv., *in this manner, so, thus.*

siccō, āre, āvī, ātum, *to make dry, dry up, to drain.*

siccus, a, um, *dry, insipid.*

sīcut, adv., *so as, just as, as.*

sīgnificō, āre, āvī, ātum, *to show, point out, indicate; to mean, signify.*

sīgnō, āre, āvī, ātum, *to mark, mark with a seal, stamp, sign, designate.*

sīgnum, ī, n., *a standard, a banner; a mark, token, sign, proof; a miracle.*

simplex, icis, adj., *simple, honest, open, frank.*

simulācrum, ī, n., *a likeness, an image, a form, statue, an idol.*

sine, prep. with abl., *without.*

singulāris, e, adj., *single, singular; extraordinary.*

sīve, conj., *or if;* **sive . . . sive,** *whether . . . or.*

sōbrius, a, um, *sober, moderate, temperate, prudent.*

socer, erī, m., *a father-in-law;* pl., *parents-in-law.*

sōl, sōlis, m., *the sun.*

sōlātium (sōlācium), ī, n., *consolation, comfort, relief.*

solemnis (soll-), e, adj., *established; solemn, religious, festive.*

solemnitās (soll-), ātis, f., *a solemnity, a festival, a celebration day.*

soleō, ēre, solitus sum, *to be wont, be accustomed to.*

sōlus, a, um, *alone, only.*

somnium, ī, n., *a dream, a fancy.*

sonō, āre, uī, itum, *to speak, utter, call, cry out.*

sordēs, is, f., *dirt, filth, nastiness, foulness.*

sordidē, adv., *meanly, poorly, basely.*

sors, sortis, f., *a lot, chance, luck.*

spatium, ī, n., *a room, a space.*

speciēs, ei, f., *sight, seeing, appearance, look, view; sort, quality, species.*

spectāculum, ī, n., *a public show, a sight, a spectacle.*

spectātor, ōris, m., *a spectator, an onlooker.*

spectō, āre, āvī, ātum, *to look, gaze at, watch, observe.*

spēs, speī, f., *hope, an object of hope.*

spīritus, ūs, m., *a spirit, a soul, a mind.*

splendēns, entis, part. adj., *glittering, shining, bright.*

splendeō, ere, *to shine, glitter, be bright, sumptuous.*

splendidus, a, um, *brilliant, gorgeous, sumptuous, showy.*

splendor, ōris, m., *brightness, splendor, brilliance, lustre.*

stabīlis, e, adj., *firm, steady, stable, steadfast.*

stabulum, ī, n., *a dwelling.*

statim, adv., *immediately, at once, instantly.*

status, ūs, m., *position, state, condition.*

sternō, ere, strāvī, strātum, *to spread out, strew; to throw down, knock down, lay low.*

stō, āre, stetī, statum, *to stand, stand firm, remain, persevere.*

strepitus, ūs, m., *a noise, clattering, crackling.*

strōmatēs, um, f. pl., *miscellanies.*

strūctōr, ōris, m., *a builder, a carpenter.*

stultus, a, um, *foolish, silly.*

stylus (stilus), ī, m., *a style, manner, mode.*

suādeō, ēre, sī, sum, *to advise, recommend, exhort, urge, persuade.*

suāvitās, ātis, f., *sweetness, pleasantness, agreeableness.*

sub, prep. with abl. and acc., *under, below, beneath.*

subeō, īre, īvī, itum, *to come or go under, to succeed, come up, spring up; to come to mind, to occur.*

subferō (sufferō), ferre, sustulī, sublātum, *to carry under, take away, to hold up, support, sustain; to bear, endure, suffer.*

subigō, ere, ēgī, āctum, *to bring or get under, up or up to; to put down, subdue, subjugate; to raise, cultivate.*

subjectus, a, um, *under, subject to, subjected;* m. as subst., *a subject, a dependent.*

sublevō, āre, āvī, ātum, *to lift up, raise up, support, assist, encourage.*

subsequor, quī, 'secutus, *to follow, to follow close after.*

subtrahō, ere, trāxī, trāctum, *to draw under, take away, carry off, remove.*

succēdō, ere, cessī, cessum, *to succeed, come* or *go after.*

successor, ōris, m., *a follower, a successor.*

Suētōnius, ī, m., *Suetonius,* the name of a Roman gens.

suffrāgium, ī, n., *approval, applause, approbation.*

suggestiō, ōnis, f., *a suggestion; suggestion, a figure on which a question is asked and answered.*

suggestus, ūs, m., *a platform, a stage, an outfit.*

sui, sibi, sē or **sēsē,** reflex. pron., *himself, herself, itself, themselves.*

sum, esse, fui, *to be.*

summus, a, um, *uppermost, highest, most important.*

sūmō, ere, sūmpsī, sūmptum, *to borrow, take, select.*

super, adv. and prep. with acc. and abl. (1) adv., *above, on top;* (2) prep., *over, above, upon, on.*

superbus, a, um, *haughty, proud, insolent.*

supercilium, ī, n., *an eyebrow.*

superō, āre, āvī, ātum, *to go over, overcome, surpass.*

superstitiō, ōnis, f., *superstition, unreasonable belief.*

superstitiōsus, a, um, *superstitious.*

supplicium, ī, n., *pain, punishment, judgment, torture.*

suprā, (1) adv., *before, formerly;* (2) prep. with acc., *above, over, beyond.*

sūrculus, ī, m., *a little twig, a branch.*

surgō, ere, surrēxī, *to raise, elevate; to ascend, climb.*

suscipiō, ere, cēpī, ceptum, *to take up, support, sustain, acknowledge.*

suspiciō, ōnis, f., *mistrust, distrust, fancy, suspicion.*

sustineō, ēre, tinuī, tentus, *to support, to keep up, to maintain.*

suus, a, um, poss. adj., *his, his own.*

Symmachus, ī, m., *Symmachus,* a Roman statesman and orator.

T

tabula, ae, f., *a plank, a board, a writing tablet.*

taceō, ēre, cuī, citum, *to be silent, say nothing, be still.*

tālis, e, adj., *such, of such a kind, quality.*

talpa, ae, f. (often masculine), *a mole.*

tam, adv. and dem. particle, denoting equality; employed in comparisons with **quam, atque, ut, qui,** or **quasi,** *so, so far, equally, to such a degree.*

tamen, conj., *yet, nevertheless, notwithstanding.*

tantus, a, um, *such, so great measure.* Correl. with **quantus,** *as great . . . as, as large . . . as.*

Tarpēius, a, um, *Tarpeian.*

Tarpēius, ī, m., *Mons Tarpeius,* a rock on the Capitoline hill, from which criminals were thrown.

tartareus, a, um, *hellish, infernal, Tartarean.*

Tatiānus, ī, m., *Tatian.*

Tatius, ī, m., *Tatius,* a king of the Sabines.

Tauricus, a, um, *of Taurus, Tauric, Taurian.*

tēctum, ī, n., *a roof, a cover, a shelter.*

tegumentum, ī, n., *a covering.*

tempestās, ātis, f., *time; tempest, a storm.*

templum, ī, n., *a temple, a sacred house.*

tempus, oris, n., *a time, time, a period of time.*

tendō, ere, tetendī, tentum, or **tensum,** *to stretch, extend, direct.*

teneō, ēre, tenuī, *to hold, have, possess.*

tentātiō, ōnis, f., *proof, test, trial, temptation.*

tentō, āre, āvī, ātum, *to try, attempt; attack, assail.*

tenuis, e, adj., *little, shallow, narrow.*

terminus, ī, m., *end, boundary, limit.*

terreō, ēre, uī, itum, *to frighten, alarm, terrify, dismay.*

terror, ōris, m., *a great fear, fear, dread, alarm.*

Tertullianus, ī, m., *Tertullian.*

testificor, ārī, ātus sum, dep., *to testify, show, exhibit.*

testimōnium, ī, n., *evidence, testimony, a proof, a quotation, a passage.*

texō, ere, uī, xtum, *to weave, join* or *fit together.*

Thaumaturgus, ī, m., *the "Wonderworker,"* St. Gregory.

theātrum, ī, n., *a playhouse, theatre.*

thēnsa (tēnsa), ae, f., *a sacred carriage.*

Theodorus, ī, m., *Theodore.*

Thrācia, ae, f., *Thrace,* a country bordering on the Danube.

Thrācius, a, um, *Thracian.*

Tiberius, ī, m., *Tiberius*, a Roman praenomen.

Tiberīnus, ī, m., *Tiber* or *Tiberinus*.

Tīmaeus, ī, m., *Timaeus*, a Greek historian.

timeō, ēre, timuī, *to fear, dread, apprehend.*

tīrōcinium, ī, n., *the first trial* or *attempt; rawness, inexperience.*

titulus, ī, m., *inscription, title, name, labor.*

Titus, ī, m., a Roman praenomen.

tōnitrus, ūs, m., or tonitrum, ī, n., *thunder.*

tonō, āre, uī, *to thunder, to make a loud noise, to roar.*

torqueō, ēre, torsī, sum, *to turn, twist, bend.*

tot, num. adj., *so many.*

totidem, num. adj., *just so many.*

tōtus, a, um, *all, whole, entire.*

trāctō, āre, āvī, ātum, *to touch, handle, manage; to examine.*

trādō, ere, didī, ditum, *to deliver, address, hand down, surrender, transmit.*

trahō, ere, trāxī, trāctum, *to draw, drag, drag along.*

tranquillitās, ātis, f., *peace, quietness, tranquillity.*

Tranquillus, ī, m., *Tranquillus*, a historian.

trānsāctus, a, um, adj., *finished, completed;* of time, *past.*

trānseō, īre, iī (īvī), itum, *to go over, cross over, overpass, to go over to, to pass over to.*

trānsferō, ferre, tulī, lātum, *to carry over, convey over, to transfer, remove.*

trānsigō, ere, ēgī, āctum, *to finish, complete, perform.*

trānslātiō, ōnis, f., *a shifting, a transferring; a version, a translation.*

trānsmittō, ere, mīsī, missum, *to send over, transmit, despatch.*

transvena, ae, m., *stranger, newcomer, foreigner.*

trēs, tria, card. num., *three.*

tribuō, ere, uī, ūtum, *to distribute, assign, allot.*

trigīntā, card. num., *thirty.*

trīnī, ae, a, distributive num., *a set of three, triple, threefold.*

Triphȳlius, ī, m., *Triphyllius*, a famous lawyer of Berytus, converted to Christianity by Spyridon, a bishop in Cyprus.

triumphō, āre, āvī, ātum, *to triumph over, conquer, to win a victory.*

triumphus, ī, m., *a triumphal procession, a triumph, a victory.*

tropaeum, ī, n., *a trophy, a sign* or *memorial of victory.*

truncō, āre, āvī, ātum, *to cut off, shorten, mutilate.*

tū, pron., 2d pers. sing., *thou, you.*

Tullius, ī, m., *Tullius* or *Tully,* the name of a Roman gens.

Tullus, ī, m., *Tullus,* a Roman proper name.

tunc, adv., *then, at that time.*

turbō, inis, f., *a whirlwind, hurricane, tornado.*

turpis, e, adj., *dishonorable, disgraceful, shameful, infamous.*

tūtēla, ae, f., *protection, guardianship, care.*

Tutelinae, arum, f. pl., *the Tutelinae,* the deities protecting the fruits.

tūtus, a, um, *safe, secure, out of danger.*

tyrannus, ī, m., *a cruel, savage,* or *illegal ruler, a despot, a tyrant.*

Tyrrhēnus, ī, m., *Tyrrhenus,* a Greek historian.

Tyrus, ī, m., *Tyre,* a famous commercial city of the Phoenicians.

U

ubi, adv., *in which place, in what place, where; when, whenever, as soon as.*

ubīque, adv., *everywhere, anywhere, wheresoever.*

ūllus, a, um, dem. adj., *any, any one.*

ūlterior, ius, comp. adj., *farther, further, longer.*

ūltimus, a, um, *furthest, most distant, extreme, last.*

ultiō, ōnis, f., *a taking vengeance, an avenging, revenge.*

ultor, ōris, m., *a punisher, an avenger, a revenger.*

umbra, ae, f., *a shade, a shadow.*

unde, adv., *where, from what* or *which place.*

ūndecim, card. num., *eleven.*

unguis, is, m., *a nail, a finger* or *toe nail.*

ūniversus, a, um, *universal, general, common to all.*

ūnus, a, um, card. num., *one.*

urbs, urbis, f., *a walled town, a city.*

urgeō, ēre, ursī, *to press, push, force, drive, impel, urge.*

ūsque, adv., *all the way, as long as, as far as, until, to, up to, even to.*

ūsūrpō, āre, āvī, ātum, *to use, make use of, employ, practise, exercise; usurp.*

ut or **utī,** adv. and conj., *in what manner, how, as; so that, in order that, that.*

uter, utra, utrum, pron., *which of two, which, either.*

ūtilis, e, adj., *useful, serviceable, advantageous, fit, proper.*

utique, adv., *anyhow, at any rate, by all means*.

ūtor, ūtī, ūsus, dep., *to use, make use of, exercise*.

utrum, adv., *whether*.

V

vae, interj., an exclamation of pain, fear, or dread, *ah! alas!*

Valeriānus, ī, m., *Valerian*.

Valentīniānus, ī, m., *Valentinianus, Valentinian*.

validus, a, um, *strong, stout, powerful, able, forcible*.

vānitās, ātis, f., *vanity, deception*.

vānus, a, um, *empty, void, vain, vacant*.

varius, a, um, *different, various, changing*.

vās, vāsis, n. (pl. **vasa, orum**), *a vessel, a dish, vase, bowl, utensil*.

vāstātiō, ōnis, f., *a ravaging, a devastation*.

vehementer, adv., *eagerly, vehemently, violently*.

vehiculum, ī, n., *a carriage, a vehicle*.

vel, conj., *or*. **vel . . . vel,** *either . . . or*.

vēlāmentum, ī, n., *a disguise, a covering, a concealment*.

vēlum, ī, n., *a covering, a veil, a curtain*.

velut, adv., *even as, just as, as if, like as*.

vēnditor, ōris, m., *a seller, a vender*.

venēfica, ae, f., *a poisoner, a sorceress, an enchantress*.

veniō, īre, vēnī, ventum, *to come, come to, arrive*.

venter, ventris, m., *the belly, stomach*.

Venus, eris, f., *Venus*, the goddess of love.

venustās, ātis, f., *loveliness, charm, grace, beauty*.

verberō, āre, āvī, ātum, *to lash, scourge, whip, flog*.

verbum, ī, n., *a word;* pl., *words, expressions, language*.

vēritās, ātis, f., *truth, reality*.

vērō, adv., *in truth, certainly, surely, assuredly*.

versiculus, ī, m., *a little line, a verse*.

versus, ūs, m., *a verse; a line; a row, a furrow*.

versus, adv. and prep.: (1) adv., *turned in the direction of, toward;* (2) prep. with acc., *toward, against*.

vertō, ere, tī, sum, *to turn, turn around; change*.

vērum, ī, n., *the truth*.

vērum, adv., *truly, just so, even so, but, but yet*.

vēsānus, a, um, *mad, insane, wild*.

vēscor, ī, dep., *to fill one's self with food, to eat, feed; to enjoy, make use of, have*.

vestālis, ē, adj., *pertaining to Vesta, vestal;* f. as subst., *a priestess.*

vester, tra, trum, pron. adj., *your.*

vestīgium, ī, n., *a footprint, a trace, clew, vestige.*

veterānus, a, um, *old, experienced, veteran;* m. as subst., *a veteran.*

veteres, um, m. pl., *forefathers, ancients, ancestors.*

vetus, eris, adj., *old, aged, ancient.*

vetustus, a, um, *old, aged, ancient.*

vexātiō, ōnis, f., *a shaking; discomfort, vexation.*

vexō, āre, āvī, ātum, *to shake; to injure, to vex, to molest.*

via, ae, f., *a way, a road, a street.*

vicis (gen.; nominative singular does not occur), f., *a change, an alteration, a vicissitude.*

victōria, ae, f., *victory, success.*

Victorīnus, ī, m., *Victorinus,* a Roman author of the fourth century.

vidēlicet, adv., *it is clear, evident, clearly, evidently, in truth.*

videō, ēre, vīdī, vīsum, *to see, look at, view.*

vīgintī, ae, a, card. num., *twenty.*

vincō, ere, vīcī, vīctus, *to conquer, overcome.*

vindicō, āre, āvī, ātum, *to lay legal claim to; to revenge, avenge, punish; to vindicate.*

vīnum, ī, n., *wine.*

violentus, a, um, *forcible, violent, impetuous.*

vir, virī, m., *a man.*

Virgilius, ī, m., *Virgil.*

virgō, inis, f., *a virgin, maid.*

virtūs, ūtis, f., *valor, virtue, courage, manliness.*

vīs, vis, f. (pl. vires, ium), *power, ability, force, strength.*

vīscus, eris, also viscera, um, n. pl., *the internal organs, the vitals, the flesh.*

visō, ere, visī, visum, *to see, look at, behold.*

vīsus, ūs, m., *the sight, vision, appearance.*

vīta, ae, f., *life.*

vīvō, ere, vīxī, *to live, have life, be alive, be lively, be rough.*

vīvus, a, um, *alive, living, natural.*

vix, adv., *scarcely, hardly, with difficulty.*

vocābulum, ī, n., *a name, a word.*

vocō, āre, āvī, ātum, *to call, name, summon.*

Volcātius, ī, m., *Volcatius,* a teacher of civil law, a historian.

volō, velle, voluī, *to wish, to desire, be willing.*

volucris, is, f., *a bird.*

volūmen, inis, n., *a volume, a book, a writing.*

voluntās, ātis, f., *will, wish, choice, desire, inclination.*

vos, vestrum, pers. pron., *you.*

voveō, ēre, vōvī, vōtum, *to vow, devote, dedicate, consecrate.*

vōx, vōcis, f., *a voice, sound, cry, call, word.*

vulgus, ī, n., *a crowd, multitude, a mass of people, a rabble.*

vulnerō, āre, āvī, ātum, *to wound, hurt, injure.*

vultus, ūs, m., *countenance, looks, face, portrait, picture.*

A Latin Grammar.

By Professor CHARLES E. BENNETT, Cornell University. 12mo, cloth, 265 pages. Price, 80 cents.

IN this book the essential facts of Latin Grammar are presented within the smallest compass consistent with high scholarly standards. It covers not only the work of the preparatory school, but also that of the required courses in college and university. By omitting rare forms and syntactical usages found only in ante-classical and post-classical Latin, and by relegating to an Appendix theoretical and historical questions, it has been found possible to treat the subject with entire adequacy in the compass of 250 pages exclusive of Indexes. In the German schools, books of this scope fully meet the exacting demands of the entire gymnasial course, and those who have tried Bennett's Grammar find that they are materially helped by being relieved of the mass of useless and irrelevant matter which forms the bulk of the older grammars. All Latin texts for reading in secondary schools, recently issued, contain references in the notes to Bennett's Latin Grammar.

Professor William A. Houghton, *Bowdoin College, Brunswick, Maine :* The Grammar proper is admirably adapted to its purpose in its clearness of arrangement and classification, and in its simplicity and precision of statement, giving definitely just what the pupil must know, and not crowding the page with a mass of matter that too often disheartens the young student instead of helping him.—I trust it will come into general use, for I think for the reasons just given, and because of its moderate compass and attractive appearance, students are likely to get more practical grammatical knowledge out of it than they generally do from the larger grammars.

John F. Peck, *Oberlin Academy, Oberlin, Ohio :* Bennett's Latin Grammar was adopted as a text-book in Oberlin Academy in 1897. It is proving itself a very satisfactory text-book and increasingly popular. The teachers of Latin in Oberlin Academy are thoroughly satisfied with the book and find it exceedingly helpful in their work.

The Critic, *Feb.* 29, 1896. The book is a marvel of condensed, yet clear and forcible, statement. The ground covered in the treatment of forms and syntax is adequate for ordinary school work and for the use of freshmen and sophomores in college.

The Foundations of Latin.

A book for beginners. By Professor CHARLES E. BENNETT, of Cornell University. 12mo, cloth, 231 pages. Price, 90 cents.

THIS book differs materially from most of the present manuals for beginners in Latin. Its method is, first, to present the forms of inflection, and then to develop the principles of syntax, following in both cases, so far as possible, the usual order of the Latin grammars. Such rules of syntax as are needed for reading and writing simple sentences are given in the earliest lessons, so that the pupil has constant drill on the forms while acquiring them; but the systematic study of general syntax is postponed till the pupil shall have mastered the forms and shall be in a position to apply the rules.

The vocabulary of the Exercises consists of the 750 words in most frequent use by Cæsar and Nepos, and will serve equally well as an introduction to either author. The Latin sentences are for the most part taken directly from Cæsar's Commentaries, with such slight changes as may be needed to adapt them to the pupil's advancement.

The Exercises are followed by eighteen pages of easy and interesting selections for reading.

Frederic T. Farnsworth, *Sanborn Seminary, Kingston, N.H.:* I agree with the author in his preface that it is better to bring together "things that naturally belong together," and to have the first-year book follow substantially the order and form of the grammar. The later and fuller study of the grammar itself is greatly facilitated by a systematic arrangement such as that followed in this book.

F. P. Donnelly, S.J., *College of the Holy Cross, Worcester, Mass.:* The book has been appropriately named. I have never seen in one volume so complete a presentation of all that is necessary for a beginner in Latin.

James Heard, *Academy, Summit, N.J.:* I commend the work most heartily. It marks a return to the common-sense method of teaching Latin to beginners, and is a thoroughly practical book. I do not hesitate to place it in the front rank of books of its class.

C. K. Bartholomew, *English and Classical School, Cincinnati, Ohio:* We are well pleased with The Foundations of Latin now on trial.

Frank D. Haddock, *Superintendent, Holland, Mich.:* I am using Bennett's Foundations of Latin with great satisfaction.

A Junior Latin Book.

With Notes, Exercises, and Vocabulary, by Professors JOHN C. ROLFE and WALTER DENNISON, of the University of Michigan. 12mo, half leather, 498 pages. Price, $1.25.

THIS book will appeal most forcibly both to those teachers who are accustomed to begin the course in Latin Reading with the difficult Gallic War, and to those who prefer to pre-pare the way to Cæsar by the use of some easier text. To the former it offers a book that can be begun long before their classes can read Cæsar — a distinct economy of time. To the latter it gives in a single carefully graded volume the varied and profita-ble material that has hitherto been available only by the purchase of several text-books — a distinct economy of means.

The text consists of Fables, Stories of Roman History based on Eutropius and Livy, extracts from Viri Romae, seven Lives of Nepos, and Books I. and II. of the Gallic War. The book also contains exercises for translation into Latin, based on the text, and many good maps and plans.

J. C. Kirtland, Jr., *Phillips Academy, Exeter, N.H.:* We are using Rolfe and Dennison's Junior Latin Book with the class which began the study of Latin last September. The Roman history especially appealed to us, and we are not surprised to find by experience that it furnishes most satisfactory material for first reading.

J. Edmund Barss, *Hotchkiss School, Lakeville, Conn.:* The selections are, it seems to me, well adapted to provide a substitute for the traditional four Books of Cæsar. It is an admirably common-sense text-book.

J. R. L. Johnson, *Piedmont Academy, Gordonsville, Va.:* It is one of the most important contributions to the study of Latin which has appeared for years, and one which must inevitably attract the interest of all teach-ers, as it is admirably suited for the purposes for which it is intended.

Nathan B. Coy, *Principal of Cutler Academy, Colorado Springs, Col.:* After giving the Junior Latin Book careful inspection, I do not hesi-tate to pronounce it the very best book for second-year Latin with which I have any acquaintance.

Capt. C. W. New, *St. John's Military Academy, Delafield, Wis.:* I antici-pate good results from the use of the Junior Latin Book. It is fitted for its purpose exactly, and forms a good substitute for four long Books of Cæsar.

CPSIA information can be obtained
at www.ICGtesting.com
Printed in the USA
BVHW070438020119
536776BV00013B/1368/P

9 781330 455128